中国职业教育研究专著系列

全国教育科学"十二五"规划教育部重点课题

《职业教育分级标准建构个案研究》(GJA114003)资助项目

# 职业教育分级制研究

## ——职业教育分级框架与分级标准建构研究

(修订本)

李宇红　著

中国财富出版社

**图书在版编目（CIP）数据**

职业教育分级制研究：职业教育分级框架与分级标准建构研究/李宇红著．—修订本．—北京：中国财富出版社，2014.7（2016.7 重印）

（中国职业教育研究专著系列）

ISBN 978－7－5047－5223－9

Ⅰ．①职…　Ⅱ．①李…　Ⅲ．①市场营销学—职业教育—教育研究—中国
Ⅳ．①F713.50－42

中国版本图书馆 CIP 数据核字（2014）第 113483 号

**策划编辑**　寇俊玲　　**责任印制**　何崇杭
**责任编辑**　张小玲　谷秀莉　　**责任校对**　梁　凡

---

**出版发行**　中国财富出版社（原中国物资出版社）
**社　　址**　北京市丰台区南四环西路 188 号 5 区 20 楼　　**邮政编码**　100070
**电　　话**　010－52227568（发行部）　　010－52227588 转 307（总编室）
010－68589540（读者服务部）　　010－52227588 转 305（质检部）
**网　　址**　http://www.cfpress.com.cn
**经　　销**　新华书店
**印　　刷**　北京京都六环印刷厂
**书　　号**　ISBN 978－7－5047－5223－9/F·2164
**开　　本**　787mm×1092mm　1/16　　**版　　次**　2014 年 7 月第 2 版
**印　　张**　13　　**印　　次**　2016 年 7 月第 2 次印刷
**字　　数**　262 千字　　**定　　价**　58.00 元

---

# 前　言

进入21世纪，中国职业教育在改革开放以来不断吸收、借鉴国际职业教育经验和探索中国职业教育发展的基础上，进入了关键性的变革时期，其标志包括教育制度变革、职业教育法出台、构建终身教育体系等。这是中国社会经济迅速发展的必然要求和结果。中国教育特别是职业教育开始在社会层面、经济层面、人文层面甚至历史层面、哲学层面寻找新的定位和价值。由此带来的教育与哲学、教育与社会学、教育与经济学、教学与历史、教育与伦理以及教育心理学方面的理论探索和研究，试图寻找职业教育对人的生存需要和发展需要两个方面的功能和价值意义，从宏观层面上为构建职业教育学和为职业教育构建独立的教育体系形成理论基础和底层逻辑。与此同等重要的是对职业教育中观和微观的理论与实践探索，包括职业教育教学论、职业教育课程论、职业教育评价体系等。在中、微观层面，德国、澳大利亚、加拿大、美国、英国等国家已经构建了较先进的、较系统的和较完善的理论体系和实践经验，职业教育成为独立的教育教学体系已经在这些国家的实践中得到了验证。近些年这些理论在中国受到理论界高度关注，其流行的一些理念与方法，如“双元制”、“CBE及其DECOM课程模式”等在一些职业院校试验实施和推广。但是，目前职业教育改革主体仍主要由学科体系培养出来的教师及教育专家担当，还没有真正形成以企业为主的基于“雇主需求”的职业教育体系。由于行业企业在职业教育教学改革中只是附属，即使有一些企业参与，在挑选这些企业时也比较随意和随机。对教育研究与改革的兴趣和理解以及其自身对教育研究实力和精力的限制，导致职业院校不能清晰地把握职业教育中专业所对应的职业能力素质、职业工作任务、职业工作过程要素、界定它们之间的相互关系及其与职业教学和课程建立的逻辑关系，因此在吸收引进国际先进经验时更多的是模仿复制外在形式和结构，特别是在中观及微观层面，如职业课程开发、职业教学体系构建等方面没有形成职业教育逻辑和体系，课程内容在理论与实践比例上和结构上变来变去，与实际工作任务和就业岗位技能要求甚远，工作过程性知识研发不到位，教学改革和课程开发工作中没有跳出学科体系的藩篱。职业教育改革发展至今遇到一些瓶颈问题，导致“办学实力不强，服务产业发展能力不足，针对行业企业参与办学的体制机制不顺，学校办学的生机与活力不足”。

应该说，中观和微观层面具有适应性、开放性、发展性、实践性特点，必须从教育与职业的关系出发，必须吸收企业方面的职业专家、技师、工程师进入研发队伍中来，必须在工作任务与教学任务之间建立有机联系，以构建一种独立于学科体系的职业教育教学体系和课程体系。

如果没有结合中国社会经济环境和教育环境背景、没有融合中国行业企业职业资格及人才标准建立职业教育教学理念，没有形成基于能力本位而是学科本位的课程理论和实践体系，没有对职业岗位工作任务的彻底解构与教学标准的重新建构，那么，中国职业教育还会在学科论下徘徊，还会在普通文化课与专业课和实践课的比例上改来改去，还会在形式上而不是本质上贴近企业需求，其结果是中国职业教育并不能真正建立起职业教育标准和职业教学标准，由此也就不能建立起独立完整的中国职业教育学及其体系。因此，构建中国职业教育学及其独立体系更重要的是解决中、微观层面的一系列教育教学理论体系和逻辑问题及其实践中的机制、体制创新问题。本著作是企业界和教育界合作，基于企业需求，从职业分析入手，通过解构职业任务，吸收职业标准，制定职业教育标准，建构职业课程体系，形成的一套建立在我国职业分析基础上的职业教育系统化研究方法论。

本专著作为国家职业教育制度和北京市职业教育分级制度研究的课题项目研究成果，由跨界组成的校企联盟研究团队，包括IT、互联网、医药、商业零售连锁等行业具有研发实力的企业职业专家、培训专家、技师、工程师，用友大学营销学院企业营销专家，同时还包括北京财贸职业学院、北京商业学校在内的中职、高职院校，历时近2年，调研8大行业20余家龙头企业近300个职业岗位，同时分析上千万字的国内外职业教育研究资料，并于2011年9月开始进行市场营销专业职业教育分级试点实践得出。相关人员对理论研究成果和实践试验结果进行整理出版，形成职业教育分级制度研究与实践系列研究著作。本专著是系列著作第一部，对职业教育成为一种教育类型和独立教育体系的关键性环节——职业教育标准建构和职业教育课程体系进行研究。其研究脉络贯穿教育本质、职业教育目标、职业教育逻辑、职业分析过程、职业分析方法、职业分析路径、职业工作任务、职业标准与职业教学标准、典型工作任务提取方法和路径、能力分类研究、职业教育课程体系结构和课程内容结构等从宏观到微观诸层面。

本著作是全国教育科学规划教育部重点课题《职业教育分级标准建构个案研究》（课题编号：GJA114003）和北京市教委、北京市财政局联合批复的《市场营销专业职业教育分级制度改革试验》重点资助项目成果，也是国家社会科学基金职业教育制度研究课题《我国现代职业教育体系研究》子课题（课题批准号

AJA110003)，北京高等教育学会《市场营销专业职业教育分级标准研究》(京高学会〔2011〕28号)项目研究成果之一。

本课题研究团队主要由北京联合大学7名教师骨干和用友集团用友大学营销学院4名企业营销专家和培训师组成，列示如下。

经济学教授李慧凤，她对于专著架构进行了逻辑性设计，分析研究了数百万字的职业教育理论与实践，撰写了国内外职业教育理论与实践综述，为本著作的理论体系构建提供了基础支撑。

管理学副教授苏艳芳，她在全书架构的设计、缄默知识分析和教学设计、职业调研和职业仓构建、教学评价监控体系设计等方面体现了个人智慧，做出了突出贡献。

北京多柏企业管理咨询有限公司高级人力资源顾问尹立新经理，她对市场营销分级以及分类从人才市场、就业市场以及市场营销业态分类等方面提供了扎实的基础数据、信息和事实，直接引导了市场营销专业职业教育分级分类的基础依据——职业仓的构建与创新。

用友新道科技有限公司马德富副总裁在职业教育理念和未来发展视野上对本专著的理念和观点都产生了深刻影响。用友大学营销学院逄增钢院长和夏凯院长兼总裁助理，设计开发了职业分析模型、市场营销职业能力序列模型、企业市场营销职业课程开发方法与流程、典型工作任务提取方法，为形成项目成果奠定了成功的基础。其扎实的理论功底、精湛的专业技术和丰富的实践经验不论是对于本项目研究还是对于依据本项目进行的北京市职业教育分级试点甚至中国市场营销专业职业教育研究来说都是宝贵的研究财富。用友大学高级市场营销培训咨询师汤晶淇老师对基于工作过程的市场营销课程设计所做的研究，为本著作关于市场营销职业教育课程体系的构建提供了框架思路。用友大学高级培训师肖忠野老师在多媒体课件、视频设计以及案例开发方面提供了辅助教学设计。用友大学华北区销售总经理袁彬以及高级销售顾问王永旭、周瑾提供了市场营销人才在人才市场的发展趋势，提供了与市场营销工作体系相融合的一体化实践教学的设计思路和构想。他们的工作为建立以工作任务为载体的情境教学和项目教学开发奠定了基础。

杨洁老师、刘军老师、张苏雁老师和姚迪老师，为第二部分的第4～6章和第三部分的第7～9章进行了大量的市场调研，数据资料挖掘、分析和整理，内容整理、编辑、校对工作，对于本成果所需要的资源，包括外围技术、人员、工具、方法，提供了有力的支持和帮助。

在此对上述主要研究者、参与者表示由衷的敬佩和感谢。同时，对在本项目研究中给予专业技术支持和理论实践指导的所有学者同人表示感谢，他们是人力资源和社会保障部中国就业培训技术指导中心邢莹处长、中教畅享（北京）科技有限公司总经理黄学全先生、用友大学校长田俊国先生、用友新道科技有限公司用友软件股份有限公司培训教育事业部宋健经理、IBM中国软件开发中心高校教育合作总监管连先生、北京外国语大学北外诺加学校校长左罡先生、阿里巴巴集团研究中心研究部专家樊春晖先生。

李宇红

2013年10月于北京

# 目 录

## 第一部分 职业教育分级研究概述

## 第二部分 职业研究基础

## 第三部分 职业教育分级标准研究

# 表目录

# 图目录

# 第一部分 职业教育分级研究概述

## 1 职业教育及其体系

职业教育是近代教育的选择。特别是 20 世纪 50 年代以后，经济发展速度较快的国家都非常重视职业教育的发展。职业教育主要由各国政府主导，国际上一些重要的组织和机构，也积极参与职业教育的研究与实践，如联合国教科文组织、世界银行等。职业教育逐渐成为一项国际性的事业。

《国际教育标准分类法》将职业教育称为职业前或技术前教育，主要指为学生进入劳务市场作准备，让他们学习职业或技术教育课程，并且引导学生掌握在某一特定职业或行业或某类职业或行业中从业所需要的实际技能、知识和认识的教育。联合国教科文组织将职业教育称为技术与职业教育，它所指的教育过程除涉及普通教育之外，还涉及学习与经济和社会生活各部门的职业有关的技术及各门科学，以及获得相关的实际技能、态度、理解能力和知识。它是终身学习的一个方面。我国《辞海》将职业教育定义为给予学生或者在职人员从事某种生产、工作所需要的知识、技能和态度的教育。《高等职业教育名词研究》中对职业教育的定义是受教育者获得某种职业或生产劳动所需要的职业知识、技能和职业道德的教育。

职业教育体系是整个教育体系的重要组成部分，“是指一个国家或地区各种类型、各个层次的职业教育的实施机构以及各级行政管理组织所组成的有机整体。广义的职业教育体系包括职业教育结构体系、职业教育管理体系、职业教育科研体系和职业教育投资体系。狭义的职业教育体系是指一个国家或地区各种类型、各个层次的职业教育与职业培训机构构成的整体。”①

①马建富．职业教育学［M］．上海：华东师范大学出版社，2008.

## 1.1 国外职业教育及其体系研究与实践

### 1.1.1 国外理论研究

各国在寻求能够适应国家快速发展的教育形式的过程中逐渐认识到了职业教育的价值。职业教育的理论经历了孕育、萌芽及产生发展阶段，进入 20 世纪 70 年代已经比较完善，国外许多著名的学者和国际研究机构都对职业教育有过深入研究，梳理相关研究成果，可见其主要集中在以下几方面。

1. 职业教育的功能、重要性研究

德国著名教育家凯兴斯泰纳（G. Kerschensteiner）认为，公立学校应办成“劳作学校”，主要任务是进行性格训练和职业训练。在性格训练上，主张通过劳作实习训练、培养独立和谐的发展性格和为国出力的精神；在职业训练上，主张劳作实践课独立设置，由有能力的专门教师来承担，培养和训练公民的职业智能[①]。劳作教育思想从国家利益出发，肯定了职业教育的价值与职业教育的重要性，认为职业训练是“人的教育”的先决条件，主张消除普通教育与职业教育的对立，用职业教育改造传统基础教育，培养新时期国家需要的既忠诚又有用的公民。这一思想符合 20 世纪初的西方经济发展对教育对人的需要，因而迅速为西方国家所接受，并演变成欧美的“劳作学校运动”，使劳作教育思想越过德国，成为 20 世纪初流行于西方世界的最强劲的职业教育思想。

英国著名的哲学家和教育家怀特海（A. N. Whithead）认为，专门教育可以形成人的独特风格，普通教育与职业技术教育应相互沟通、相互渗透，两者不应对立。[②] 美国实用主义哲学家、教育家约翰·杜威（John Duwey）[③] 则从更广阔的社会背景上来探讨职业教育在个体发展中的重要价值，反对“旧职业主义”狭隘的职业教育观，反对职业训练与文化修养的背离、职业与个人发展的对立、职业教育与社会发展的脱离，主张把职业教育与自由教育有机地结合起来，推崇“综合教育计划”，通过整合职业教育与自由教育，促进人的全面发展。

关于职业教育是否是在经济发展中起着促进作用，众多学者也进行了大量研究。Rumberger 和 Daymont（1984）通过对美国国家长期性调查的研究发现，职业教育有正面的影响，职业教育学分的积累有助于增加就业机会，减少失业等待的时

①冯克诚．凯兴斯泰纳职业教育思想与《劳作学校要义》选读［M］．北京：中国环境科学出版社，2005.

②朱益明．从国际发展看我国的职业技术教育前景［J］．教育发展研究，1999（8）．

③杜威．民主主义与教育［M］．王承绪，译．北京：人民教育出版社，1990.

间并增加收入；Kang 和 Bishop（1989）也发现了相似的结果。他们认为职业课程增加了男性及女性的收入和就业工作的月份数，并且增加了男性的工资。①

英国经济学家巴洛夫（Thomas Balogh）提到，发展中国家的职业教育与经济发展是相辅相成、相互促进的。职业教育规划做好了，就能推进经济发展和社会进步，而经济发展了、社会进步了，又能使职业教育有更大的发展空间。② Errol Vishnu Ramsaroop 和来自商业、经济、劳动、生产、服务行业以及教育部门的专家对“职业技术教育什么方面可察觉的变化会对未来 3～5 年的经济产生潜在的影响”进行的研究结果表明，对经济影响最大的是职业技术教育的质量，排在第 2 位的是职业技术教育项目的质量和职业技术教育的基础方面。③

2. 技术标准对职业教育的影响研究

Chris Zirkle④ 对在中学和中学后阶段推行国家工业技术标准进行了研究，发现技术标准对职业教育的影响主要体现在 6 个方面：增进商业、工业和教育工作之间的联系；使职业技术教育课程的内容更适用；提供更高质量的技术工人；毕业生会更好地加强企业和学校的联系；采用技术标准有利于改进教学的过程；使教育工作者更加负责任。约翰·杜威则在《我的教育信条》（1897）、《学校与社会》（1899）等著作中认为职业教育是面向未来的教育，反对学校仅仅按照现有的技术标准和专业的要求给予学生技术上的准备，在技术更新速度加快的机器时代，这种教育是对学生就业前途的戕害：学生一毕业，就跟不上技术的形势，职业转换能力也大受影响。因此，他主张以未来的技术标准、工业标准和要求来教育和训练学生，利用科学和社会的因素发展他们的胆识，培养他们实际的和应用的智慧以及适应不断变化的情况的能力。

3. 职业教育发展路径研究

围绕着职业教育发展路径问题，主要形成了学校本位职业教育发展路径思想与多元化职业教育发展路径思想。

20 世纪 50 年代初，以巴洛夫为代表，提出了学校本位职业教育发展路径，提出大力发展学校形态的职业教育，实行中等学校教育“课程职业化”。通过兴办职

①石凌．职业教育与经济增长的关系研究——以柳州市为例［D］．武汉：华中科技大学，2009.

②周正．从巴洛夫到福斯特——世界职业教育主导思想的转向及启示［J］．湖南师范大学教育科学学报，2006（1）．

③FINCH C R．Vocational and Technical Education Changes That a Potential Contributors to the Economic Development of Trinidad and Tobago［J］．Journal of Development Economics，2002（3）．

④ZIRKLE C. Perceptions of Vocational Educators and Human Resource/Training and Development Professionals Regarding Skill Dimensions of School-to-Work Transition Programs［J］．Journal of Vocational and Technical Education，1998，15（1）：305-411.

业学校和在普通学校课程中渗入职教内容，使学生掌握现代生产技术，在本国的经济发展中发挥重要作用。这一主张当时得到了联合国教科文组织和世界银行的大力支持与响应。世界银行20世纪六七十年代的教育投资重点大都放在职业教育和技术培训上，支持发展学校形态的职业教育。该思想在实践中导致了重在学校职业教育、重在规模扩张、实施学科为本的课程计划、长学制的学校职业教育的模式。

继学校本位职业教育发展路径思想之后，多元化职业教育发展路径思想于20世纪70年代上升为主流思想。该思想以美国教育学家、非洲教育问题专家福斯特(Philip J.) 为代表，以其1965年发表的《发展规划中的职业学校谬误》为标志。该思想认为职业教育的发展必须以劳动力市场需求为出发点，要注意克服“技术浪费”现象，基于简单预测的“人才规划”不能作为职业教育发展的依据，因为劳动力市场需求预测难以准确实现，经济交换部门的增长率难以准确估算，基于不准确的预测和职业教育招生及课程安排无法满足劳动力市场的要求；职业教育的发展应走多元化的道路，其重点是非正规的在职培训和企业本位教育，提倡企业本位的职业教育与培训模式、合作的职教模式、社会本位的职教模式①。该思想影响了欧美、非洲广大国家及地区。

4. 职业教育发展趋势研究

法国教育家保尔·郎格朗对终身教育作了描述性说明，并于1970年出版了《终身教育导论》，书中他集中讲述了终身教育思想。他从人们面临的世界变化加快、人的增长、科技进步、政治挑战、信息传播等方面的严峻挑战出发，批判了传统教育的弊端，认为将人的一生分割为学习和工作两个独立时期，即前半生受教育、后半生工作，这是毫无根据的，也是无法解决人类所面临的各种问题的；教育是一个人从生到死不间断的终生过程，它应当是在每一个人需要的时候为其提供必要的知识和技能。他的观点得到许多东西方国家的赞同，被认为是“知识社会的根本原理”，并最终发展成为世界性的教育改革的主导理念和许多国家的教育决策及政府行为。

从1965年的第3届国际成人教育会议开始，联合国教科文组织开始大力提倡终身教育，促进了终身教育思想向理论化的高度发展。1972年，联合国教科文组织出版了国际教育发展委员会的报告书《学会生存》。《学会生存》的重要贡献在于提出了终身学习观和学习化社会的概念，使终身教育理论得到了更深层次的发展。1973年，联合国经济合作开发机构（OECD）教育研究中心出版了研究报告书《回归教育——终身教育的战略》，报告书指出，传统的教育是与劳动世界相隔绝的封

①蒋莉．职业教育主要思潮简评［J］．成人教育，2006（3）．

闭的独立世界，而回归教育就是要打破这种隔绝，使教育与劳动得以往返，即教育和劳动要交互进行，贯穿人的一生。回归教育是终身教育理论在成人教育领域实施的战略措施，它为终身教育的组织化提供了框架结构模式。①

《终身教育导论》、《学会生存》、《回归教育——终身教育的战略》被公认为是上 20 世纪 70 年代有关终身教育理论最重要的文献，成为终身教育理论形成的重要标志。

世界职业教育的发展已经走过了上百年的历史。在职教发展过程中，人们一直没有停止对职业教育“是什么”、“为什么”、“怎么办”和“往哪里去”的追索，这种追索为后人提供了极其丰富的思想养料，是发展已有职业教育理论、丰富对职业教育基本规律认识的思想基础。

### 1.1.2　职业教育国际实践

职业教育从校企合作、课程方案、师资培养、职业教育体系实施等多方面进行了广泛的实践，积累了大量的成果和实践经验，值得我们学习和借鉴。中国当前为解决人才培养结构与社会需求结构不适应的突出矛盾，正着力把原来镶嵌于普通教育、学历教育体系之中的职业教育逐渐分离出来，构建具有中国特色的现代职业教育体系。当前国际上几种典型的职业教育体系实践对中国职业教育体系构建具有重要借鉴意义。本项目只对当前国际上几种典型的职业教育体系实践进行简要梳理。

目前世界职业教育体系主要有以下三大类型：普职融合的单轨制教育体系、资格框架下的职业教育体系、学校职业教育与双元制培训并举的职业教育体系。②

1. 普职融合的单轨制教育体系

美国是普职融合的单轨制教育体系的代表。美国职业教育的实施机构主要是综合高中和社区学院，社区学院是美国职业教育体系的一大特色。美国职业教育培训的人才是“宽专多能型”，这与其社会特征是相吻合的。普职融合的单轨制教育体系通常是将课程、项目的方式散落至各个阶段的教育系统中来开展的。其主要特点是：力图消除普职互不沟通的壁垒，让学生有更多尝试和选择的机会。该体系得以实现的必要条件是：散落在单轨制教育体系中的职业教育课程最终必须依靠某种机制联系在一起，形成完整的项目，获得一定的职业教育认证或证书。这一机制就是美国强大的学分互认及转换系统。在美国的职业教育中，不仅同一层次、不同教育机构的课程学分可以互认，如综合高中、私立综合高中与公立综合高中等；学分互

①曹井新，等．终身教育理论的产生发展过程与本质特征［J］．哈尔滨职业技术学院学报，2008（5）．

②龚春蕾．职业教育体系特色的国际比较［J］．职教论坛，2010（9）．

认和转换同样可以发生在不同层次的教育机构中，如高中—大学双学分课程。学生在中学里修的相关课程，可以得到社区学院甚至4年制大学的认可，这样就避免了重复学习，也有利于学生从中等教育向中等后教育的过渡。再如，在合作教育中，学生在企业的工作经验也可以转换为有效的学分。正是依赖强大的学分互认及转换系统，才使得那些零散的职业教育课程和实践活动最终形成完整的职业教育项目，使美国能培养出受到认可的职业技术人才。

2. 资格框架下的职业教育体系

资格框架下的职业教育体系以英国和澳大利亚为代表，此类型国家的职业教育通常是通过统一的国家资格框架使学校职业教育和企业培训相互交织，为人才培养提供丰富而多样的途径。

英国国家资格证书框架（National Qualifications Framework，NQF）是由教学大纲及学历管理委员会（QCA）制定、能够与英国高等教育资格证书框架（Framework for Higher Education Qualifications，FHEQ）对应并进行学习成果转换的英国职业教育学历体系。如表1－1所示。

表1－1　英国职业教育资格证书体系

| 资格证书与学分框架 | 国家职业资格框架（NQF） | 高等教育资格证书框架（FHEQ） |
|---|---|---|
| 职业证书/文凭8级 | 国家职业资格5级 | 博士学位 |
| 职业证书/文凭7级 | | 硕士学位、研究生证书/文凭 |
| 职业证书/文凭6级 | 国家职业资格4级 | 学士学位、本科证书/文凭 |
| 职业证书/文凭5级 | | 高等教育/延续教育证书，预科学位 |
| 职业证书/文凭4级 | | 国家高等教育文凭 |
| 职业证书/文凭3级 | 国家职业资格3级 | 中学高级水平考试，高级职业教育证书（3级及以下层次不属于FHEQ体系，但仍可与NQF体系对应） |
| 职业证书/文凭2级 | 国家职业资格2级 | 普通中等教育证书（A级～C级） |
| 职业证书/文凭1级 | 国家职业资格1级 | 普通中等教育证书（D级～G级） |
| 入门级证书 | 基础技能 | |

从表1－1可以看出，每一级的职业资格证书都对应着FHEQ的相应学历。这意味着学生获得的职业技能不仅在其职业领域得到认可，同时也具有与普通教育证书对等的地位。这样将职业资格证书和普通教育证书对应起来，建立了对全体国民都适用的终身教育体系。

澳大利亚十年制义务教育之后的教育和培训建立了全国统一的、与工作岗位相对应的教育和培训证书体系，建立国家统一的证书、文凭和学位框架，使职业教育成了国家教育体系的有机组成部分。澳大利亚职业资格框架（AQF）由高中教育、职业技术教育和高等教育 3 部分组成，彼此相互衔接，如表 1－2 所示，这种统一的证书制度和课程内容的模块式结构使职业教育与普通教育、高等教育相沟通，使就业前教育与就业后教育相联系，体现了终身教育的思想。在普通高中教育阶段，学生就可以自由地选择证书Ⅰ和证书Ⅱ要求的职业教育课程；高中毕业进入 TAFE 学院后，在高中教育阶段所得的职业教育课程的学分得到承认，即不必从头学起，可直接学习后续的课程模块。学生从 TAFE 学院毕业后，也可以进入大学学习，其在 TAFE 学院学习的相关专业的课程全部或部分得到承认，这为 TAFE 学院毕业生进一步深造取得大学学位创造了条件。

**表 1－2　　澳大利亚职业资格框架**

<table>
<tr><th>高中教育</th><th>职业技术教育</th><th colspan="2">高等教育</th></tr>
<tr><td></td><td></td><td colspan="2">博士学位</td></tr>
<tr><td></td><td></td><td>硕士学位</td><td rowspan="3">荣誉学士学位/<br>专业学士学位</td></tr>
<tr><td></td><td>职业研究生文凭</td><td>研究生文凭</td></tr>
<tr><td></td><td>职业研究生证书</td><td>研究生证书</td></tr>
<tr><td></td><td></td><td colspan="2">学士学位</td></tr>
<tr><td></td><td></td><td colspan="2">准学位</td></tr>
<tr><td></td><td>高级文凭</td><td colspan="2">高级文凭</td></tr>
<tr><td></td><td>文凭</td><td colspan="2">文凭</td></tr>
<tr><td rowspan="2">高中教育证书（12 年级）</td><td>4 级证书</td><td colspan="2"></td></tr>
<tr><td>3 级证书</td><td colspan="2"></td></tr>
<tr><td>2 级证书</td><td>2 级证书</td><td colspan="2"></td></tr>
<tr><td>1 级证书</td><td>1 级证书</td><td colspan="2"></td></tr>
<tr><td colspan="4">10 年义务教育结束</td></tr>
</table>

但在具体操作方面，英国和澳大利亚依然呈现出差异性。英国统一国家资格框架下的职业教育体系更多的是寻求此类证书与普通教育文凭的挂钩而不是等值。因为获得高级资格的学生只是有资格报考大学但并不代表可以上大学；而澳大利亚的职业教育体系本身就提供文凭教育，它通过在职业资格中设立职业教育研究生证书和职业教育研究生文凭，将职业教育从高中层次经本科层次延伸至了研究生课程，

它是一种将两种不同类型教育即普通教育和职业教育进行有效衔接与沟通的体系，在高中教育、职业教育以及高等教育的不同教育层次之间，以及在职业教育与普通教育类型之间实现了教育和谐、教育平等的互通互认机制，构筑了高中教育、职业技术教育和高等教育的立交桥。

3. 学校职业教育与双元制培训并举的职业教育体系

学校职业教育与双元制培训并举的职业教育体系以德国为代表，该体系有如下特征：①双元制职业教育体系明显地独立于普通教育体系；②企业在其中承担着首要责任；③培训方法与内容主要由企业决定；④由每个企业承担职业教育费用；⑤互通式的各类教育形式。即指职业教育呈现出的平行又交叉的形态，一是指在学校职业教育层面上呈现平行交叉，围绕普通教育与职业教育，学生两次分流。学生从小学四年级毕业后实行第一次分流，分为3条渠道，一部分学生直接进入九年制完全中学，另一部分学生进入五年制或六年制中学。第二次分流是在初中（五年制或六年制中学）毕业后，学生根据不同职业要求和学生家长的意愿，进入职业学校接受“双元制”职业技术教育，学制一般3～4年时间。二是指在课程安排方面也体现出平行与交叉。学生通过对不同课程的学习和考试，不仅可以选择职业教育，也可以选择普通教育，增大了他们选择的权限，也体现了德国整个教育体系的灵活性，形成职教与普教之间相互沟通、纵横交错而又畅通的网络。三是职业教育各层次之间是相互沟通的，但沟通的重要环节是职业经历。双元制学校学生毕业之后必须经历1～3年的从业过程才可以进入专科技术学校、高等专科学校或职业技术教育师范学院，专科技术学校学生毕业后必须经过1～2年从业过程才可以进入高等专科学校。

职业教育体系的形成与一国经济发展所处阶段、社会发展环境、民族文化和核心价值观等因素相关，也是该国职业教育发展战略定位的反映。

## 1.2 国内职业教育及其体系研究及实践

### 1.2.1 国内理论研究

从中国国内研究概况、水平及发展趋势来看，20世纪90年代中期以前，国内学术界对职业教育的研究多集中在办学思想以及专业、课程的设置方面，20世纪90年代中后期尤其是2000年以来，劳动力市场化的发展，尤其是农村富余劳动力转移受阻问题的暴露，使得职业教育问题逐渐凸显出来，学术界对此展开了广泛的研究，如职业教育内涵、职业教育发展史、职业教育发展趋势、职业教育对于国家的意义、职业教育存在的问题及改革建议、职业教育学学科建设、职业教育理念、职业教育体系和结构、职业教育培养目标、职业教育德育的理论和方法、职业指导、国外职业教育及对中国的借鉴、职业教育与劳动就业、农村职业教育发展、职业教育的师资队伍建设、职业教育的课程论等。梳理相关研究成果，与本项目相关的研究主要集中在以下 3 个方面。

1. 职业教育政策研究

职业教育的发展离不开职业教育政策的支持与引领，学者们对中国近 30 年的职业教育政策走向进行了大量研究，其中范树花①通过考察改革开放以来不同社会时期职业教育政策的背景、特点，研究这些政策指导下的职业教育实践状况，对我国改革开放以来职业教育政策的走向进行了分析，认为每一项政策都是我国职业教育自身发展需要与借鉴国外职业教育发展经验相结合的产物；臧亮②以 1978—2008 年中国职业教育政策文本作为分析对象，研究梳理了这一阶段中职业教育政策的发展变化，并以“职业教育师资情况”和“职业教育体系发展”为例分析了政策制定的发展重心及不足，在此基础上，从职业教育政策价值选择的理论基础进行综合分析，得出职业教育政策价值变迁的总体图式；石学云等③则对我国 1995—2008 年间国家层面的职业教育政策文本从数量发展、权威部门构成、政策主题分布、不同类型与层次的职业教育政策文本进行了系统的定量分析，研究发现我国职业教育政策文本具有不稳定性和非连续性、多权威控制性以及师资建设政策与中等职业教育政策受关注等特点，提出在职业教育政策未来走向中，作为职业教育政策制定主体的国家权威机构，应加强对职业教育政策决策的科学研究，尽量避免政策出台的随意性，保持政策的稳定性与延续性，同时应强化政策的可操作性与可执行性，尽量避免“上有政策、下有对策”的应对性。

2. 职业教育课程研究

黄克孝从职业教育课程的开发和实施两个领域分别进行了特点分析，认为职业教育课程目标应具有明确的职业针对性及兼容性，课程内容应具有职业导向性及内容适用性，课程模式应具有开放性及个性化④；姜大源通过对职业教育课程与教育的相关要素的关系进行分析，认为职业教育课程应根据各个职业领域的基本职业活动确立课程目标，课程内容应重视直接经验的获得，强调职业技能训练，并提出职

①范树花．改革开放以来我国职业教育政策走向研究［D］．西安：陕西师范大学，2005.

②臧亮．我国职业教育政策演变研究（1978—2008）［D］．金华：浙江师范大学，2010.

③石学云，等．中国职业教育改革发展的政策走向分析——1995—2008 年中国职业教育政策文本的定量分析［J］．职业技术教育，2010（34）．

④黄克孝．论高职课程改革的目标界定［J］．河南职业技术师范学院学报，2002（6）．

业教育的实施与评价应具有整体性①。徐国庆明确阐述了职业教育课程理论与逻辑，认为职业教育的目标是要把学生导向工作体系，而工作体系是与学术体系相并列、性质完全不同的一个体系，职业知识的表征方式与学术知识不同，职业知识以工作任务为载体，因此，职业课程应当以工作任务为中心，采取工作逻辑来开发课程体系；从职业知识、职业能力以及形成机制、建构式学习方面将职业论而不是学科论作为职业教育课程的理论支撑，指出专业化是当前我国职业教育课程的核心目标，提出了基于实用论的基础论观点。② 赵志群则在《职业教育工学结合一体化课程开发指南》总结国际职业教育教学设计理论的基础上，提出了以综合职业能力发展为目标，以完成有教育价值的典型工作任务为基本教育内容的工学结合一体化的课程设计开发方法，使职业教育课程从理念、理论研究推向具体开发与实施。

3. 中国职业教育体系研究

建立现代职业教育体系涉及的内容广泛，是一项复杂的系统工程。它需要从内涵界定、层次结构、教育形式、办学机制、办学模式、就业制度、社会环境、管理体制、评价方式等各方面深入研究。既要关注当前的现实问题，也要有长远的战略思考。目前关于中国职业教育体系的研究主要如下。邱乐路等人③认为，现行“职高（技校、中专）—高等职业教育（大专）的职业教育层次，使专科高职成为终结教育，这不符合知识经济时代的发展趋势，建立完善的、与其他教育相互沟通协调发展的职业教育体系（包括职高、大专、本科、硕士、博士）已成为职业教育特别是高等职业教育的方向。黄克孝等人④认为，构建 21 世纪职业技术教育新体系必须以人为本，按照终身学习理念，使所有人都享有均等接受教育的机会，充分反映人才培养类型的不同特点。师东松⑤认为我国职业教育体系尤其要解决好普通教育与职业教育之间一直双向沟通以及职业教育体系内的中、高等职业教育衔接问题。马树超⑥则对构建我国职业教育体系的条件保障进行了分析，认为我国的职业教育体系尤其需要国家的主导，需要政府在发展政策上的宏观调控保障；必须进一步强化我国职业教育体系的经费保障，在分配的原则上，财政性经费应注重向职业教育投入倾斜；要切实加大职业教育的执法力度，完善职业教育法律、法规建设。

纵观国内学者对职业教育的研究轨迹，正是我国职业教育发展从中专、技工学校这一单一层次向高层次不断推进的过程。

---

①姜大源．职业教育：经验与策略辩［J］．中国职业技术教育，2008（16）．

②徐国庆．职业教育课程论［M］．上海：华东师范大学出版社，2008.

③邱乐路，等．建立多层次、开放性高等职业教育体系的探讨［J］．重庆工业高等专科学校学报，2002（1）．

④黄克孝，等．构建 21 世纪的职业技术教育体系［J］．职教论坛．2004（1）．

⑤师东松．我国现代职业教育体系的构想［J］．阜阳师范学院学报：社会科学版，2008（3）．

⑥马树超．完善职业教育体系条件保障的思考［J］．中国职业技术教育，2004（2）．

### 1.2.2　中国职业教育实践

改革开放30多年来，党中央、国务院高度重视职业教育工作，强调大力发展职业教育，提高劳动者的素质。通过一系列政策和法律、法规及不断增加的各项投入促进职业教育的发展，形成了世界上最大的职业教育规模，在职业教育的人才培养模式、课程开发、师资培养、校企合作机制、体系结构建设等方面进行了广泛的实践与探索。基于本项目的研究目标，下面仅就中国职业教育体系实践进行简要梳理。

1. 中国职业教育体系实践政策依据

1978年党的十一届三中全会为中国职业教育体系的建设拉开了序幕。1985年中共中央在《关于教育体制改革的决定》中明确要求："逐步建立起一个从初级到高级、行业配套、结构合理又能与普通教育相互沟通的职业技术教育体系。"1988年国家教委正式部署以培养农技人才为目的的"燎原计划"和"三教（即基础教育、职业教育、成人教育）统筹"，进一步带动了农村职业教育的发展。1993年中共中央、国务院印发的《中国教育改革和发展纲要》提出："各级政府要按高度重视，统筹规划，积极发展的方针，充分调动各部门、企事业单位和社会各界的积极性，形成全社会兴办多形式、多层次职业技术教育的局面。"1996年，新中国第一部《职业教育法》对我国职业教育体系做出了明确规定："国家根据不同地区的经济发展水平和教育普及程度，实施以初中后为重点的不同阶段的教育分流，建立、健全职业学校教育与职业培训并举，并与其他教育相互沟通、协调发展的职业教育体系。"1999年《中共中央国务院关于深化教育改革全面推进素质教育的决定》强调"构建与社会主义市场经济体制和教育内在规律相适应，不同类型教育相互沟通、相互衔接的教育体制"，"大力发展高等职业教育"，"积极发展包括普通教育和职业教育在内的高中阶段教育"。2005年《国务院关于大力发展职业教育的决定》中又明确提出："进一步建立和完善适应社会主义市场经济体制，满足人民群众终身学习需要，与市场需求和劳动就业紧密结合，校企合作、工学结合，结构合理、形式多样，灵活开放、自主发展，有中国特色的现代职业教育体系。"①《国家中长期教育改革和发展规划纲要（2010—2020年）》第6章指出"职业教育要面向人人、面向社会，着力培养学生的职业道德、职业技能和就业创业能力。到2020年，形成适应经济发展方式转变和产业结构调整要求，体现终身教育理念，中等和高等职业教育协调发展的现代职业教育体系，满足人民群众接受职业教育的需求，满足经

①欧阳河，等．中国职业教育体系的形成与演进［J］．职教论坛，2008（10）．

济社会对高素质劳动者和技能型人才的需要”，这是中国职业教育发展史上具有里程碑意义的变革。

在《国务院办公厅关于开展国家教育体制改革试点的通知》(国务院办发〔2010〕48号文件)中，确定在北京市、天津市、上海市、广东省、甘肃省部分省市进行“探索建立职业教育人才成长‘立交桥’，构建现代职业教育体系”的重大改革试点。至此，中国职业教育体系形成。

2. 中国职业教育体系结构

中国现行职业教育体系结构如图1-1所示。

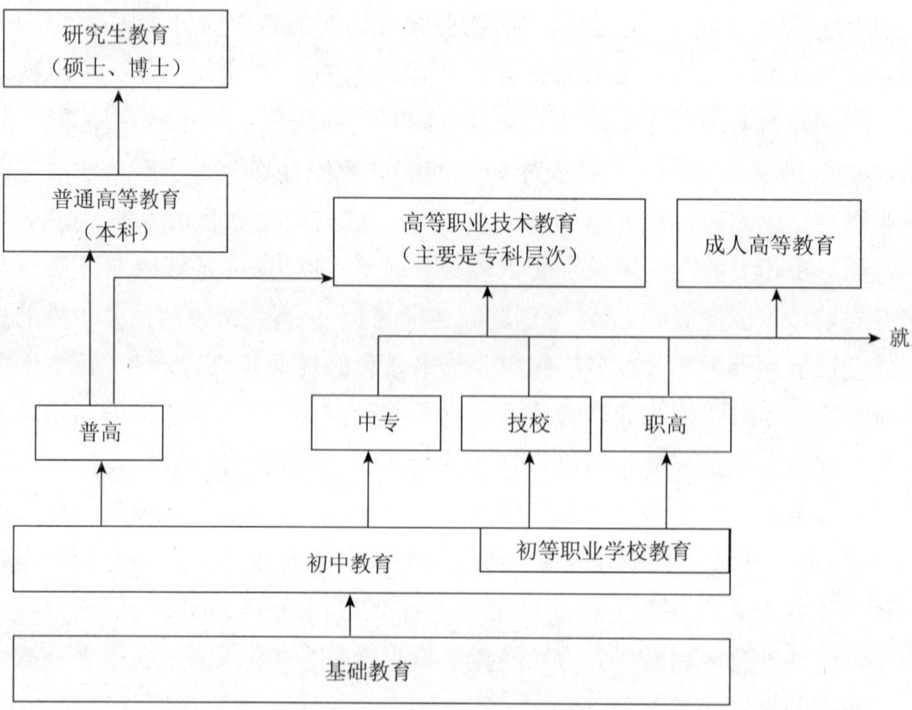


**图1-1　中国现行职业教育体系结构**

中国现行的职业教育体系从层次上看，职业学校教育可分为初等、中等、高等3个层次，与获得初中、高中和专科层次的学历证书相对应。职业教育形式有办学形式与教育形式之分。从办学形式上看，我国职业教育主要有公办与民办两种。整体来说，我国的办学形式以公办为主，民办等其他形式并存。从教育形式上看，我国的职业教育主要包括职业学校教育、职业培训和民间学徒制3种形式。前者是学历教育，属于国民教育体系范畴，后两者是非学历教育，属于职业培训范畴。职业学校教育是我国职业技术教育的主要形式，主要由各级各类职业学校承担。职业培训是按照职业或劳动岗位对劳动者的要求，以开发和提高劳动者的职业技能为目的的教育和训练活动，是非学历性的短期职业教育；依据职业技能标准，培训的层次分为初级、中级、高级和其他适应性培训。培训工作主要由技工学校、就业培训中心、社会和各方面（包括个人）举办的培训机构承担。民间学徒制是以经验技术为主的生产劳动技术的传授方式。在我国，特别是广大农村地区以及西部地区，许多手工艺都以师傅带徒弟的方式世代相传。学徒制虽然没有颁发正式文凭和职业资格证书，但对培养技能型人才，特别是对我国民族工艺人才的培养起着不可替代的作用。①

3. 中国职业教育体系实践评价

我国目前的职业教育体系已具有相当规模，教育的层次由原来的以中等职业技术教育为主向高等层次延伸，学校教育和各种培训，职前和职后的职业技术教育都得到很大的发展，基本形成了一个高、中、低层次的职业教育体系。但这种体系从纵向看是一个扁平的系统，系统层次较低，这种教育体系对于受教育人的生命品质提升度不够，也不能满足社会对高级技术技能型人才的需求，较高层次是以专科为主，高等职业教育自身的学位体系没有建立。对学习者而言，缺乏上升空间难以刺激其学习的积极性，不能满足个体终身化学习的需要。而在职业教育系统内部，不同类型、不同层次的职业教育之间的关系尚未理顺，缺乏统筹协调，在培养目标、任务、要求上有不合理的交叉和重叠，造成低效益和浪费。从横向看，与普通教育缺乏沟通渠道，我国普通教育与职业教育之间一直缺乏双向的沟通，普通教育毕业生可以接受高一级职业教育，而职业教育毕业生则几乎不可能再接受高一级普通教育，呈现一种相对封闭的状态，缺乏灵活性和开放性。因此，构建适应经济发展方式转变和产业结构调整要求，体现终身教育理念，中等和高等职业教育协调发展的现代职业教育体系具有紧迫性。

## 1.3　职业教育体系

为解决人才培养结构与社会需求结构不适应的突出矛盾，我国正在把原来镶嵌于普通教育、学历教育体系之中的职业教育逐渐分离出来，按照职业教育的特点和规律加以梳理和重构，建立具有中国特色的现代职业教育体系。

《国家中长期教育改革和发展规划纲要（2010—2020年）》第6章指出："职业教育要面向人人、面向社会，着力培养学生的职业道德、职业技能和就业创业能

①欧阳河，等．中国职业教育体系的形成与演进［J］．职教论坛，2008（10）．

力。到2020年，形成适应经济发展方式转变和产业结构调整要求，体现终身教育理念，中等和高等职业教育协调发展的现代职业教育体系，满足人民群众接受职业教育的需求，满足经济社会对高素质劳动者和技能型人才的需要。”这是中国职业教育发展史上具有里程碑意义的变革。

在《国务院办公厅关于开展国家教育体制改革试点的通知》（国务院办发〔2010〕48号文件）中，确定在北京市、天津市、上海市、广东省、甘肃省部分省市进行“探索建立职业教育人才成长‘立交桥’，构建现代职业教育体系”的重大改革试点。

北京市作为构建国家职业教育体系的试点城市，为贯彻《国家中长期教育改革和发展规划纲要（2010—2020年）》精神，完善职业教育基本制度，形成体现终身教育理念、职业教育特色和技能型人才成长规律的现代职业教育体系，满足人民群众接受职业教育的需求和经济社会发展对高素质劳动者及技能型人才的需要，明确提出十二五期间职业教育制度研究和构建现代职业教育体系是重点工作。2011年《北京市中长期教育改革和发展规划纲要》指出：“统筹职业教育与经济社会发展，统筹职业教育与普通教育发展，推动普通教育与职业教育相互沟通，支持职业院校与普通学校相互开放课程和教学资源。统筹中等职业教育、高等职业教育和职业培训发展，整合中等职业教育与高等职业教育资源，积极探索多样化的中、高职衔接办学模式，促进中等职业教育与高等职业教育在办学定位、培养目标和课程内容等方面有效衔接，学历教育与职业培训并举。大力强化中高等职业学校职业培训功能，鼓励中高等职业学校面向社会积极开展多层次、多形式的职业培训，鼓励行业、企业开展多种形式的职业培训，健全技能型人才培养体系。做优中等职业教育，做强高等职业教育，做大职业培训。优化职业教育资源配置，推进职业教育集团建设，促进教学制度改革。健全弹性学习制度，完善学分制，方便学生工学交替、分阶段完成学业。”

《高等职业教育名词研究》中提出现代职业教育体系的概念，认为职业教育与普通教育一起构成现代国民教育体系。职业教育是一种以职业为导向、以能力为本位的教育类型，其自身就是一个自成体系的系统，与普通高等教育共同组成一个庞大的国民教育大体系、大系统。解决好职业教育与普通教育之间的渗透与沟通，以及中、高等职业教育之间的衔接与协调，是建立我国现代职教体系的前提条件。中国的职业教育体系应该是与普通教育相互渗透、相互沟通，中、高等职业教育相衔接，开放的、灵活的，能为人们职业生涯的发展提供多样化教育服务的现代职业教育体系。

# 2　职业教育分级制度

职业教育分级制度是2011年下半年北京市正式推出的职业教育体系的名称。职业教育分级制是将原来镶嵌于普通教育、学历教育体系之中的职业教育分离出来，按照职业教育特点和规律加以梳理和重构，建立的具有中国特色的现代职业教育体系。① 2011年北京市教委颁布《职业教育分级制度研究》草案，标志着北京市正式启动教育制度改革及现代职业教育体系构建工程。

## 2.1　构建与普通教育并行、相互转换衔接，具有“终身教育”功能的职业教育体系

构建终身教育体系首先要解决我国中等职业教育、高等职业教育、大学后职业教育、成人继续教育分隔或断档的局面，提供一个中、高职衔接并与普通教育、成人教育沟通衔接的具有终身教育功能的另外一种教育类型，北京市初步构想了这一终身教育体系框架，如图2-1所示。

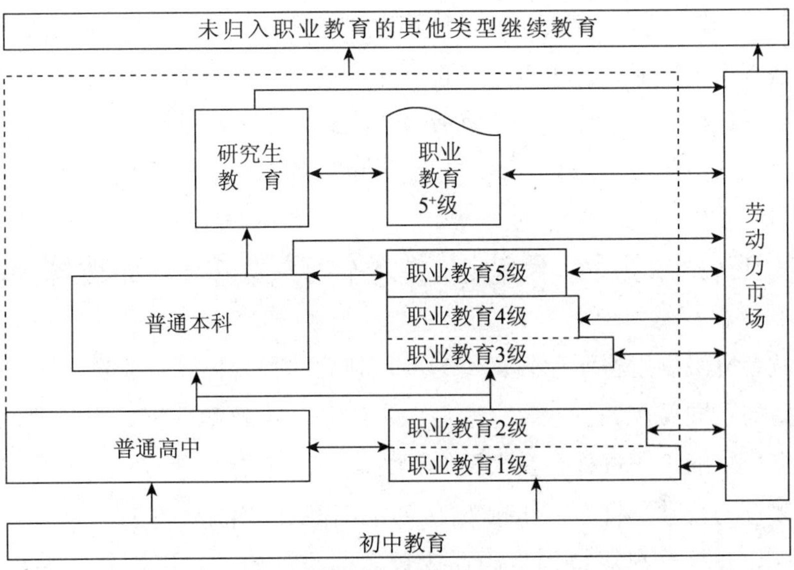


**图2-1　职业教育与其他教育沟通衔接图②**

①柴福洪，陈年友．高等职业教育名词研究［M］．北京：高等教育出版社，2012：40.

②北京市职业教育分级制度研究课题组，《职业教育分级制度研究》草案，2010年9月，第11页。

上述体系框架被称为职业教育分级制度。在该体系中，职业教育体系从普通教育体系中分离出来，并与普通教育体系并行成为独立的一种教育类型。职业教育分级制需要建立新的开放的职业教育入学制度，其基本框架是：初中后分流，进入职业教育从1级至5⁺级升级学习，建立以职业教育5级架构为基础，纵向可以开放发展，上不封顶的职业教育层次结构，可以与各种类型的继续教育、职业教育和成人教育衔接，即5+X职业教育层次结构模型；横向可以与普通教育衔接。这个体系面向人人实现开放式入学标准，采取登记入学，职业教育逐级升学采取直通方式，跨教育类型升学（普通教育进入职业教育）采取考试或测试方式，成人入学采取考试或测试方式。

职业教育分级制旨在建立一个面向人人、适应终身学习的教育制度，拓宽现有学校职业教育的办学功能，扩大职业教育资源范围，增强人们接受职业教育的机会和可选择性。职业教育是一种区别于普通教育的教育类型，在教育模式上按照分级标准设计教学方案，以学习者的既往经历、知识、能力为基础确定培养方案，以模块化教学和学分制管理为特点，形成柔性化人才培养模式，为受教育者提供职业生涯全过程指导，实施连续学习与弹性学习相结合的学习制度和教学管理模式。①

这种教育类型可以为每个人提供终身学习的体系。

这个构想使职业教育从职业出发而不是从学科出发创建独立的教育教学体系成为可能。职业教育培养的不同层级与经济发展需要不同职业岗位层级的人才相对应，这就意味着职业教育各级培养目标将重点考虑职业岗位胜任力，每个人都可以通过职业教育实现就业，还可以通过选择接受高一级的职业教育来获得职业升迁和发展或为其储备后劲，从而完成终身教育，实现个人职业生涯的完美发展，其培养的人才也更能适应用人单位需求，实现用人单位的人力资源优化。

## 2.2 以工作体系而不是以学术体系为主作为教学基础

职业教育分级制度将职业教育作为一种独立的教育体系，也同普通教育一样具有从低到高的不同层次。普通教育遵循学术体系构建教学系统，职业教育则必须考虑到职业岗位中的工作过程存在大量知识、素质和技能，它与完成工作任务紧密相连。职业教育的教学是将与工作相关的应用知识从学术知识中抽取出来，按照学习者的学习规律、教育规律特别是职业成长规律重新建构，以工作体系构建教学系统。以学术体系为逻辑的普通教育，其理论基础包括逻辑论、宏微观论、结构论，

①孙善学．回到“逻辑起点”思考职业教育［N］．中国教育报，2011-09-17（3）．

它以人对知识的认知规律组织教学，形成学科结构和学术教育，构成普通教育教学体系的基本框架。职业教育分级制度则是为了适应社会分工对于职业教育人才需求的层次性、多样性，其逻辑起点是职业，是以职业活动规律和职业能力要求来建立层次结构和教育标准，与学术体系相对应的是职业的“工作体系”，其理论基础是联系论、结构论、综合论、结果论，它以人对工作及其与工作相关的环境、资源的认知和对人机互动关系的认知规律组织教学，构成职业教育体系的基本框架。“有效的培养职业能力，是把职业教育课程结构与工作结构对应起来，从工作结构中获得职业教育的课程结构，职业教育中的知识，必须结合工作中的应用点，是工作过程中的知识”。①

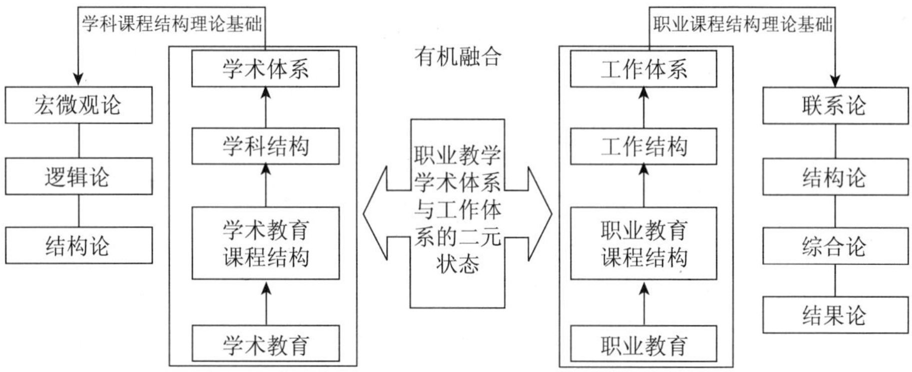


**图 2-2 学术体系、工作体系及其课程结构**

## 2.3 职业教育目标强调培养学生双能力，即职业能力和可持续发展能力

职业教育分级制度参考借鉴的职业教育理念和理论流派的研究成果及实践探索，即普通教育更加关注人的智能发展，而无论是以英国和澳大利亚为代表的职业教育流派还是德国职业教育体系，都奉行以能力为本位的职业教育理念，加拿大职业教育规定了通识能力模块，指出不管采用哪个企业的技能包，都必须给学生未来发展所必备的基础知识。日本倡导“人性本位”的教育概念。

职业教育分级制度对职业教育培养人才的标准进行了精确的把握和研究，提出职业教育必须兼顾人的现实需求和长远需求，也就是说，职业教育首先必须满足学

①徐国庆．职业教育课程论［M］．上海：华东师范大学出版社，2008.

习者获得一技之长从而顺利就业的需要，职业教育更要能满足这种人的生存基础和保障的需求。同时，职业教育也要兼顾人的未来发展，即人的潜力挖掘、个性塑造、获得自我实现等更高价值的需要。因此，职业教育既培养职业能力也培养可持续发展能力，即培养双能力，如图 2－3 所示。

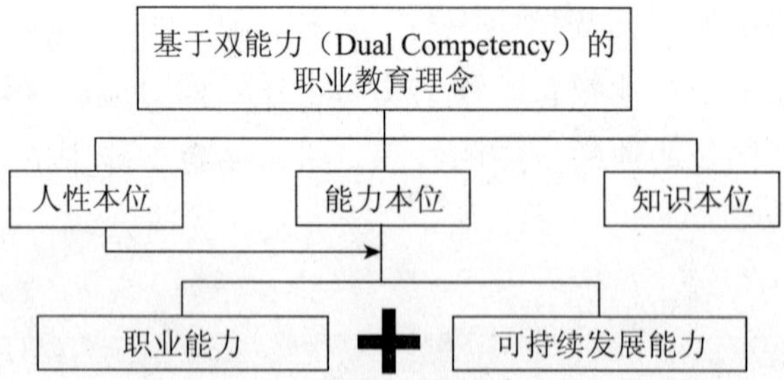


**图 2－3　职业教育“双能力”理念**

## 2.4　以学习者为中心构建面向人人的学习体系

职业教育分级制度及其改革实践借鉴了国际职业教育层次结构划分，参考职业人才结构理论和现代人力资源理论，同时在对人力资源和社会保障部的国家职业资格层次结构以及现代科学管理有关原理、现代社会组织及企业管理层次结构的一般特征研究基础上，确定了 5 级制职业教育分级基本框架①，如图 2－4 所示。

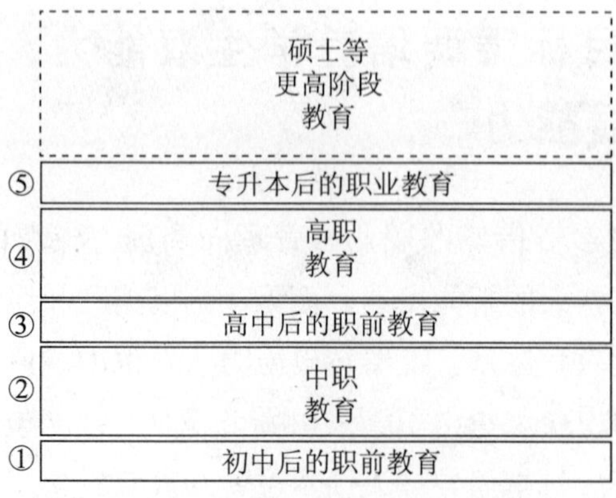


**图 2－4　职业教育分级框架图**

①孙善学．职业教育的系统创新［EB/OL］．http：//www．docin．com/P－235267273．html．

职业教育一般从 1 级到 $5^+$ 级。职业教育的 1 级和 2 级，属“基础性职业教育”，培养具有一定技能水平的初、中级劳动者。职业教育 1 级主要为义务教育阶段之后的职业准备教育，目的是帮助社会新增劳动力达到基本的职业资格准入条件，培养具有必要的职业素养和基本技能的初级劳动者，使其可以从事非技术类岗位或简单技能型岗位工作。职业教育 2 级相当于现行制度下的中等职业教育，主要为生产、服务一线培养具有一定职业素养和技能水平的中级劳动者，使其可以从事一般技能型岗位工作。职业教育 3 级和 4 级，属“提高性职业教育”，培养实用型、应用性高素质技能人才。职业教育 3 级属于高中后的职业准备教育，培养具有较好职业素养和一定管理能力的技能型劳动者，使其可以从事一般复杂程度的技能型岗位和辅助管理岗位。职业教育 4 级相当于现行制度下的高等职业教育，为生产、建设、管理、服务等第一线培养具有良好职业素养的高技能型专门人才，使其可以从事比较复杂的技能及管理岗位工作。职业教育 5 级和 $5^+$ 级，属“发展性职业教育”。职业教育 5 级培养具有较高职业素质、文化素质和能力素质的技术应用性专门人才，使其可以从事复杂的技术及重要管理岗位工作。职业教育 $5^+$ 级培养具有职业精神、开拓意识、领导能力、创新能力，能够解决重大生产任务、重大工程项目关键技术问题的拔尖人才，使其可以从事设计研发、工程技术及高级管理岗位工作。其中，$5^+$ 级别为开放级别，对某些专业，随着科学技术的发展，在 5 级之上还可能出现 6 级、7 级或更高级别。①

基于面向人人开放的学习体系，建立灵活开放的入学制度，以学生的职业经验和能力而不是单纯的学历为入学的标准，为人人获得个人成长和职业发展提供享受教育的权利，构建终身教育体系。入学情况分为以下 3 种。

连续学习型（学校学生）：连续在学校接受各级各类教育的学生。

促进就业型（岗前培训）：入职前需要接受技能培训的学员，包括初中毕业生、高中毕业生、再就业人员、转岗人员、农村劳动者、转业军人等。

技能发展型（在职学习）：为了个人提升或职业升迁的目标而接受专业知识、职业技能和管理水平提高的学员。入学制度设计如表 2 - 1 所示。

---

①孙善学．回到“逻辑起点”思考职业教育［N］．中国教育报，2011 - 09 - 17（3）．

**表 2－1　职业教育分级制开放式入学方法**

| 分级 | 入学条件 | 入学方式 | 学制 |
|---|---|---|---|
| 1 级 | 初中或初中以上毕业 | 免试 | 1 年 |
| | 未及初中毕业但有工作经验 | 测试 | 1～2 年 |
| 2 级 | 初中毕业 | 免试 | 3 年 |
| | 职业 1 级 | 直升 | 2 年 |
| 3 级 | 普通高中毕业 | 免试 | 1 年 |
| | 职业 2 级 | 直升 | 1 年 |
| | 职业 2 级＋1 年以上工作经验 | 免试 | 1 年 |
| | 职业 3 级＋2 年以上工作经验 | 测试 | 1 年 |
| 4 级 | 普通高中毕业 | 考试 | 3 年 |
| | 职业 2 级 | 测试 | 3 年 |
| | 职业 3 级 | 直升 | 2 年 |
| | 职业 3 级＋1 年以上工作经验 | 测试 | 1 年 |
| | 职业 2 级＋1 年以上工作经验 | 测试 | 2～3 年 |
| 5 级 | 普高本科生 | 测试 | 1～2 年 |
| | 职业 4 级 | 直升 | 2 年 |
| | 职业 4 级＋1 年以上工作经验 | 测试 | 1～2 年 |
| $5^{+}$ 级 | 职业 5 级＋2 年以上工作经验 | 测试 | 2 年 |
| | 硕士研究生＋2 年以上工作经验 | 测试 | 2 年 |

# 3 职业教育分级制度研究

## 3.1 职业教育分级制度研究背景

现代教育是与社会发展特别是经济发展的规模结构和形态相辅相成的。20世纪以来，世界经济发展迅速，后工业时代特征明显，现代服务业逐渐兴旺并成为各国经济结构中的主要产业。经济的急剧变化带来劳动力市场的转变，高度职业化、现代化人才需求迫切，促使各国进行人才培养战略的调整。20世纪60年代，美国对知识本位的教育提出质疑，提出能力本位的教育理念，即CBE（Competence-based Education），逐渐推广到英国、澳大利亚、新西兰等许多国家，对世界职业教育产生深远影响，促进了职业教育理论与实践的大发展，基于能力本位思想，形成了系统化、体系化、模式化的职业教育能力体系、课程体系和培训体系。20世纪70年代，国际劳工组织考察了世界范围内职业教育发展现状，致力于解决当时的人才培养与就业市场脱节的问题，从课程入手，提出了“就业技能模块组合课程”的思想，即MES（Modules of Employable）。强调职业教育为雇主需求服务，课程开发要做到工作分析标准化、系统化和模块化，学习过程即工作的过程，教学内容和组织应与雇主需求高度一致。20世纪90年代，德国企业界倡议教育改革，掀起了涉及德国教育、经济、科技领域对职业教育的一场革命，形成了双元制职业教育体系，提出了“学习领域”的课程改革理念。这次被称为是德国第二次教育改革的革命，对未来职业教育功能和方向进行了准确的把握，明确指出，为适应全球知识经济时代发展的挑战，未来社会经济发展所需要的人才，不仅要能够胜任职业岗位工作任务，同时要能够担负起创造和变革未来的知识和实践能力，职业教育的人才培养目标是培养具有职业技能同时具有可持续发展能力的人。

世界上主要的教育先进国家为适应经济全球化、网络化发展，都致力于加大职业教育研究与实践方面的探索，其研究热点可以用FSST来概括。

F（Framework）：职业教育与终身教育框架。

S（System）：职业教育体系。

S（Standards）：职业教育标准。

T（Teaching）：职业教育教学及制度。

随着全球经济发展，新知识、新技术不断开发并应用于生产建设中，大量行业企业面临组织变革、流程再造、技术创新和人才资源重新配置问题。担负着为生产建设输送人才任务的职业教育不断面临形势的挑战，其教育体系、教育标准和教育制度政策需要不断调整以适应市场和用人单位的要求。职业教育系统化改革发展动因如图 3 - 1 所示。

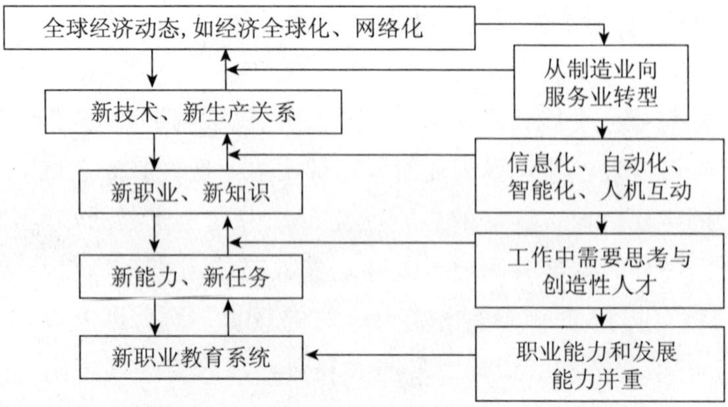


**图 3 - 1　职业教育系统化改革发展动因**

20 世纪初人类进入工业革命时代，以泰勒为首的企业管理学派对生产过程、工序进行细化，将其分解成为动作，又将动作标准化，精确计算每个动作直至每道工序的时间，形成了生产组织模型和生产流水作业线，在此基础上对工人进行培训，这对现代职业教育思想作了启蒙。20 世纪 70 年代以后兴起的信息化浪潮，使企业生产组织形式发生巨大变化，涌现了以精益生产、零库存、JIT（Just in Time）为代表的一系列组织变革、工艺革命和技术创新，使得职业教育目标发生变化，原有的泰勒式的完成企业交付的任务的能力已经不能满足新生产和组织形式的需要，代之以思考设计整个工作过程，设计人机互动方式等综合化的知识能力。构建于 20 世纪 90 年代的德国学习领域课程理论体系，正是在这种转变中诞生的。

中国社会经济的发展使中国的教育面临着巨大挑战，对中国的教育体系提出了重大改革的要求，这是中国职业教育面临的历史性机遇和转机。中国职业教育发展近 30 年，走的是一条引进借鉴与自我理论探索并行的道路。20 世纪最后 10 年主要以引进研究德国、澳大利亚、英国、加拿大等国家的职业教育理念和课程开发模式为主，侧重于微观的课程改革，为职业教育的教学设计从学科知识体系向职业工作体系转变打下坚实的基础。进入 21 世纪，中国职业教育逐渐从量变开始向质变积蓄力量。从理论层面，开始深入研究世界教育学相关理论，研究世界教育制度和体制，构想职业教育制度框架。从实践层面，东南沿海经济发展速度较快的城市普遍开始职业教育的改革，成立职业教育集团，建立校企深度合作机制，充分利用企业资源办学，扩大企业在教学过程中参与培养的力度，改革职业教育附属于普通教育的教学组织、内容和方法，积累了宝贵经验。北京市作为全国率先构建现代职业教育体系的重大改革试点城市，利用国际化大都市的优越条件，聘请国际职业教育专家团在理论与实践上跟踪指导，跟踪职业教育最新前沿理论和实践，在我国第12个五年计划中全面构建新职业教育体系，实现面向人人的具有终身教育功能的、适应未来经济形势变化要求的职业教育人才培养系统。

## 3.2　职业教育分级制度研究理念与逻辑

### 3.2.1　教育理念

教育的实用性与人的发展性是教育始终面临的两种不同的价值选择。普通高等教育主要是面向知识结构体系的学科教育，更侧重于人的发展性。而企业（包括职业培训机构）的培训面向岗位和技能，更关注实用性。职业教育既不同于学科教育，也不同于职业培训或者职业资格证书培训。职业教育应该二者兼顾，即既要使学习者获得一技之长，掌握生存的本领，也要兼顾人的发展，立足未来变化的社会。从社会功能看，普通高等教育更侧重解决人的发展，职业教育更侧重经济社会发展，强调服务人以及企业需要这两个目标，如表3-1所示。

**表3-1　各类型教育之间的比较**

| 特性要素 | 职业教育 | 企业培训 | 职业资格培训 | 学科教育 |
|---|---|---|---|---|
| 服务对象 | 学习者和企业需求 | 企业组织及岗位需要 | 职业与个人技能建立联系 | 学科知识体系传承 |
| 教育目标 | 一技之长，兼顾人的发展 | 企业经济效益 | 职业技能 | 知识积累、智力开发 |
| 教育体系 | 工作体系为主 | 职责岗位技能 | 职业等级标准 | 学科体系 |
| 教育内容 | 工作过程 | 岗位要求 | 职业要求 | 知识体系 |

职业教育需要在学术体系和职业体系之间进行平衡与协调统一。学术体系主要载体是知识，职业体系主要载体是职业任务，职业工作过程中的知识特征即知识的职业性（徐国庆，2010）。

1. 学术体系与工作体系

学术体系指按照其内在逻辑关系进行组织和分类所形成的符号体系。工作体系指工作任务按照其内在逻辑关系进行分类和组织所形成的符号体系。①

①徐国庆．职业教育课程论［M］．上海：华东师范大学出版社，2010：76.

2. 职业

职业指“个人所从事的作为主要生活来源的工作”(《高级汉语大词典》)。职业不是简单的工作问题和生计问题，它更体现了一种精神追求，通过职业的发展过程，个人的价值得以不断实现。

### 3.2.2 基本逻辑

与学科教育和企业培训教育不同的是，职业教育面向的是“职业任务”。前面已经讲过，“职业不仅包括工作，而且还内含个人的精神追求和人生价值的实现”。其载体是“任务”。这里的任务定义如下。

所谓任务，是指一定阶段内为达成某一目的而进行的行为组合，这种行为组合依赖于知识、技能和素质的有机结合。

这个定义中有几个关键词，从这几个关键词可以看出“职业任务”具有以下几个特性：目的性；阶段性；行为组合；能力之和。

不同数量和不同性质的行为组合构成了任务的复杂程度，任务复杂程度对“知识、技能和素质的有机结合”提出了要求。这样职业教育教学结构与工作结构对应起来，在工作体系中，知识依附于工作过程而存在。所以，任务的分类分级以及能力素质模型共同构成了“教学任务”。

本研究阐述的职业教育理念与逻辑如图 3－2 所示。

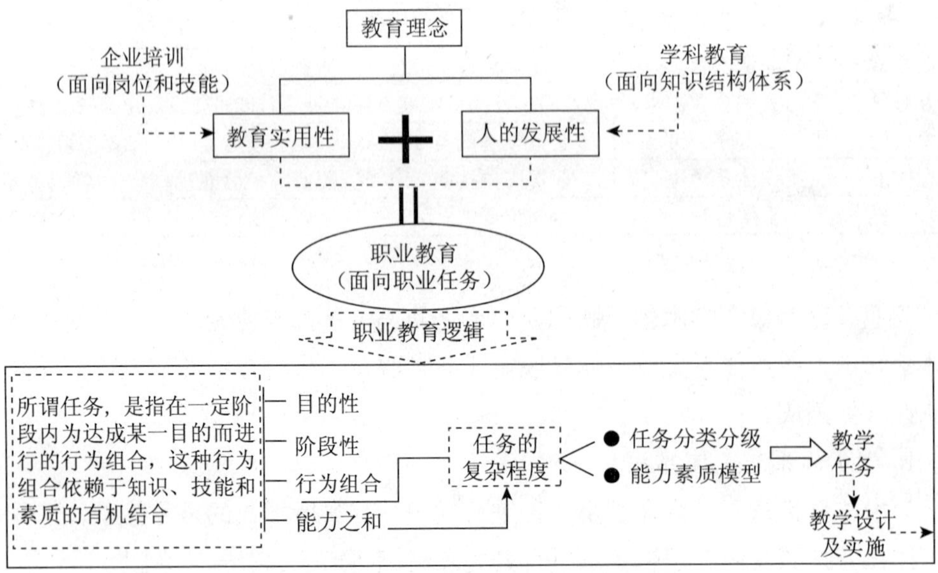


**图 3－2　职业教育理念与逻辑**

## 3.3　研究假设

### 3.3.1　对职业教育的假设

职业教育是一种与普通教育并行的独立的教育类型，其存在的基础来源于职业，其存在条件是具有教育的完整体系和结构，这种体系和结构不是普通教育依赖的学术体系，而是相对于学术体系而独立存在的工作体系（徐国庆，2010）。工作体系可以描述为具有“工作过程结构的完整性（获取信息、制订计划、实施计划和评价反馈），工作要素的全面性（工作任务、工作对象、工具、工作方法、劳动组织、工作人员与工作成果）和工作过程知识（赵志群，2009）。因此，职业教育不能沿袭普通教育理念与模式，职业教育的学习过程必须结合工作任务，是学习与工作相统一，智力、能力与身心综合发展的过程。

职业教育具有使学习者获得一技之长同时兼顾未来发展的双重任务。

### 3.3.2　对职业能力的假设

抽象来看，职业能力是与职业相关、由某一特定智力特征决定的能力发展的一种表现。按照加德纳（H. Gardner）的多元智能理论，可将智力划分为 8 种，每个个体所表现的智力形式不同，按照职业的典型智力特征可区分职业的类型和层次。职业能力可以解释成为与功能一体的智力状态。因此，能力一方面由职业给予，另一方面又来自个体自有智力，能力发展潜力在不同职业之间有差别。职业能力与特定情境、可学习性和内部结构有关，指在处理一组任务时所需要的主观能力的潜力。[①] 职业教育中的教学以职业能力获得为导向。

具体来说，职业能力包括 3 个层面：一是完成工作任务所要达到的该岗位的素质能力要求；二是在同类或相关职业工作设计和完成过程中所要达到的素质能力要求；三是个人职业发展和适应社会变化所需要具备的社会发展素质能力要求。

### 3.3.3　对职业教育中专业的假设

专业起源于人类社会分工和职业的出现。工业革命为现代专业的发端奠定了基础。大量的社会化分工，不断地催生了教育实践和工业、商业实践，为某一特定的人群的工作的名称和工作内容进行规划、设计、研究，促进了新职业的专业化理念

①赵志群．职业教育工学结合一体化课程开发指南［M］．北京：清华大学出版社，2009：19.

传播。

职业教育中的现代专业伴随着教育、工业等现代科学技术的迅猛发展而出现。规模化的工业发展需要对某种特定职业或岗位的工作进行大规模的人才人力输出，以满足社会和企业的巨量需求，由此奠定了现代的、信息化条件下的职业教育中专业的基本概念。因此，职业教育中的专业是与职业紧密相连并具有对应关系的能满足社会企业用人需要的培养单元。

## 3.4 研究涉及的课题领域

### 3.4.1 职业与教育的关系

职业教育是从职业出发来考虑教育问题。对职业人的培养把两者连接起来。职业人肩负着完成企业等组织工作的使命，培养职业人具有完成这种使命的素质能力就是职业教育最重要的目标。职业教育围绕职业和职业人开展相关理论研究和实践探索，包括职业分析、工作任务分析、职业人的工作胜任力分析以及工作体系如何转化成为教育体系的研究和实践。职业教育按照职业需要和未来市场经济需要来设置专业，按照职业岗位的工作要求来强化技能，按照职业职责素养来塑造人才。因此，职业教育比普通教育更复杂，必须将职业体系与教育体系有机融合而不是简单叠加或者简单取舍，职业教育是服务于职业需求的教育。

### 3.4.2 初高中学校教育、职业教育、企业培训、职业资格证书培训和学历教育的衔接

建立终身教育体系，必须从包括职业教育、企业培训、职业资格证书培训以及学历教育在内的整体系统来考虑，建立统一的教育体系，使得初等教育、中等教育、职业培训、高等教育既分立又贯通，为各教育系统之间的资历确认、学分转换，不同院校课程的衔接以及学生在不同教育系统之间的转学或继续深造提供权威性的保障条件。

1. 资格范围

■ 初高中学校教育体系可以颁发初中毕业证书、高中毕业证书等两种证书，初中后和高中后可分流进入职业高中、中等专业。

■ 职业教育体系可以分别为职业教育 1～5 级颁发职业教育 1 级证书至 5 级证书；其中，职业高中、中专、技校可以颁发职业教育 1 级证书、2 级证书和 3 级证书；职业教育体系中的高职院校可以颁发职业教育 3 级证书、4 级证书、5 级证书、

专科学历以及本科学历学位等5种证书。

■ 大学教育体系可以提供4级证书、5级证书、6级证书、本科学历学位、研究生学历学位以及博士生学历学位等6种证书。

从证书到学历的各级资格之间根据课程内容进行衔接，将多种证书纳入一个框架体系，构成终身教育体系。

2. 资格体系①

(1) 职业教育1级资格

属于初中后职业准备教育或准职业教育，培养具有某一行业一定技能水平的初、中级劳动者，可以从事非技术类岗位或简单技能型岗位工作。

1级资格证书获得者应当具备如下工作能力：

■ 能够复述、重现工作知识及规定要求；

■ 从事常规的、可预见性的工作；

■ 能够在指导和管理下独立进行工作。

(2) 职业教育2级资格

为生产和服务一线培养具有一定职业素养和技能水平的中级劳动者，可以从事比1级难度高一些的一般技能型岗位工作。

2级资格证书获得者应当具备如下工作能力：

■ 具备操作及相关知识；

■ 具有操作及在一定范围内相关的技能；

■ 具有解决一些问题的工具性的专业能力；

■ 具有自我管理能力，能独立完成某些工作任务。

1级和2级都是基础性职业教育。

(3) 职业教育3级资格

属于高中后的职业准备教育。培养具有较好职业素养和一定管理能力的技能型劳动者，可以从事一般复杂程度的技能型岗位和辅助管理岗位工作。

3级资格证书获得者应当具备如下工作能力：

■ 具备相关技术和管理基本知识；

■ 掌握复杂工作任务和程序；

■ 获取信息并分析信息；

■ 能够提供解决一般问题的方案；

■ 能够对自己和他人承担一定的工作责任。

---

①北京市职业教育分级制度研究课题组，《职业教育分级制度研究》，2010年9月，第5、第6页。

(4) 职业教育 4 级资格

具有良好职业素养的高技能型人才，可以认识完整领域或工作程序，从事比较复杂的技能及管理岗位工作。

4 级资格证书获得者应当具备如下工作能力：

■ 具备广泛知识、综合理论基础；

■ 具有从岗位角度和经营（如顾客、效率、成本）角度进行工作判断的能力；

■ 能够提供不可预见性的问题解决方案；

■ 平衡多指标、多元因素的复杂环境，并完成工作；

■ 能够对工作质量承担一定责任。

3 级和 4 级都是提高性的职业教育。

(5) 职业教育 5 级资格

具有较高的职业素质、文化素质和能力素质，培养能够从事复杂技术及重要管理岗位工作的技术应用性专门人才。

5 级资格证书获得者应当具备如下工作能力：

■ 具备专业基础知识理论；

■ 具备生产流程和工作过程的设计能力；

■ 能够管理团队完成工作目标；

■ 具有工作计划、组织、评价、反馈、改进能力；

■ 能够负责团队绩效和工作质量。

(6) 职业教育 $5^{+}$ 级资格

培养具有职业精神、开拓意识、领导能力、创新能力，并能够解决重大生产任务、重大工程项目关键技术问题的拔尖人才，可以从事设计研发、工程技术级高级管理岗位工作。

$5^{+}$ 级资格证书获得者应当具备如下工作能力：

■ 具备某一领域较深入的专业知识和理论；

■ 具有广泛的专业技术和创新能力；

■ 能够提供面对复杂问题和局面的创造性决策方案；

■ 能对自己和团队高度负责；

■ 能够提供未来整体化预见方案。

5 级和 $5^{+}$ 级都是发展性职业教育。

3. 各类教育体系之间的衔接融合

职业教育体系与初、高中学校教育体系相连接是通过职业高中、中专、技校来实现的。

初中和高中学生可分流进入职业高中、中专和技校，衔接证书是职业教育 1 级证书、2 级证书和 3 级证书。

职业教育通过 4 级证书、5 级证书、专科学历以及本科学历学位证书与大学教育体系相连接。

4. 其他相关证书

（1）培训证书

可分为两种培训证书。

一种是通过全部或部分课程考核，但没有达到职业资格等级证书要求，由培训院校（机构）颁发相应的培训证书，可以分为单科证明和结业证书。

另外一种是知名企业的培训证书，如微软证书、IBM 证书、用友证书、阿里巴巴证书等。

（2）职业证书

也分为两种培训证书。

员类证书适学范围：1～3 级学生或学员。

师类证书适学范围：4～5 级及更高级别学生或学员。

（3）学历证书

■ 专科文凭

高中毕业生按照现行高考制度录取后，完成 4 级职业资格等级标准规定要求，修满学分，颁发专科文凭。

已经获得 3 级职业等级资格的学生可以直升或通过入门测试升入 4 级学习的学生或学员，完成 4 级职业资格等级标准规定要求，修满学分，并经过测评，预留获得专科文凭的接口（学历与非学历教育转换机制规定）。

■ 本科学历

具有专科文凭同时具有职业资格 4 级的学生或学员，完成 5 级职业资格等级标准规定要求，修满学分，颁发本科学历。

具有 4 级职业等级资格的学生直升或通过测试升入 5 级学习的学生或学员，完成 5 级职业资格等级标准规定要求，修满学分，并经过测评，预留获得本科文凭的接口（学历与非学历教育转换机制规定）。

具有专科文凭而不具有 4 级职业等级资格的学生或学员，通过测试升入 5 级学习的学生或学员，根据测试补修 4 级职业等级证书相应课程，并完成 5 级职业资格等级标准规定要求，修满学分，并经过测评，预留获得本科文凭的接口（学历与非学历教育转换机制规定）。

与职业教育相关的证书构成类型及等级情况如表 3－2 所示。

**表 3－2　　与职业教育相关的证书及构成情况**

| 分级 | 入学条件 | 方式 | 培训证书 | | | 资格等级证书 | 职业证书 | | | | 学历证书 |
|---|---|---|---|---|---|---|---|---|---|---|---|
| | | | 初 | 中 | 高 | | 员 | 初师 | 中师 | 高师 | |
| 1 级 | 初中或初中以上毕业 | 免试 | ★ | | | 1 级职业教育证书 | ★ | | | | 无 |
| | 初中未毕业但有工作经验 | 测试 | ★ | | | | ★ | | | | |
| 2 级 | 初中毕业 | 免试 | ★ | | | 2 级职业教育证书 | ★ | | | | 无 |
| | 职业 1 级 | 直升 | ★ | ★ | | | ★ | ★ | | | |
| 3 级 | 普通高中毕业 | 免试 | ★ | ★ | | 3 级职业教育证书 | ★ | ★ | | | 无 |
| | 职业 2 级 | 直升 | ★ | ★ | | | ★ | ★ | | | |
| | 职业 2 级＋1 年以上工作经验 | 免试 | ★ | ★ | | | ★ | ★ | | | |
| | 职业 3 级＋2 年以上工作经验 | 测试 | ★ | ★ | | | ★ | ★ | | | |
| 4 级 | 普通高中毕业 | 考试 | | ★ | | 4 级职业教育证书 | | ★ | | | 专科 |
| | 职业 2 级 | 测试 | | ★ | | | | ★ | | | |
| | 职业 3 级 | 直升 | | ★ | | | | ★ | | | |
| | 职业 3 级＋1 年以上工作经验 | 测试 | | ★ | ★ | | | ★ | ★ | | |
| | 职业 2 级＋1 年以上工作经验 | 测试 | | ★ | ★ | | | ★ | ★ | | |
| 5 级 | 普高本科生 | 测试 | | | ★ | 5 级职业教育证书 | | | ★ | | 本科 |
| | 职业 4 级 | 直升 | | | ★ | | | | ★ | | |
| | 职业 4 级＋1 年以上工作经验 | 测试 | | | ★ | | | | ★ | | |
| $5^{+}$级 | 职业 5 级＋2 年以上工作经验 | 测试 | | | ★ | $5^{+}$级职业教育证书 | | | | ★ | MBA |
| | 硕士研究生＋2 年以上工作经验 | 测试 | | | ★ | | | | | ★ | |

### 3.4.3 职业分类和职业分级

1. 职业分类

职业分类是使用科学的方法和手段，按照一定规则和标准，对社会职业活动进行区分和归纳，使之进入一定类别系统的工作过程。这些规则和标准可以来自市场自然归类、工种划分、工作内容和性质差异以及工作模式区别。

2. 职业分级①

职业分级是按照职业特点和性质将职业进行层次结构划分。不同性质的行业、企业、工种、岗位往往采用不同的层次划分标准和依据，或者按照技能水平的高低，或者按照管理责任的大小，或者管理和技术技能要求相融合，即以工作技能水平、强弱难易程度、职位设置层级对每一个职业内部划分级别层次结构。从国际经验看，职业教育划分为多少个层次是相对的。由于国情不同、采用的分级方法和尺度不同，各国职业教育或职业资格框架结构也不同，有12级（英属苏格兰）、8级（德国、英国、捷克）、6级（澳大利亚）、5级（法国）等不同分法。我国已经建立了国家职业资格制度，将国家职业资格分为5级，自低到高依次为5级、4级、3级、2级、1级，分别对应于初级工、中级工、高级工、技师和高级技师。

### 3.4.4 职业教育分级及其标准②

职业教育标准是社会（行业、企业）用人需求在教育过程中的客观反映，是国家职业资格标准、行业（企业）用人标准、学校教育标准等评价要素的有机融合。职业教育分级标准是一个使职业教育等级之间有比较明确的分界和合理的衔接的标准体系。从我国的国情出发，在初中后教育分流基础上，采用5级为基础，纵向上可以发展的职业教育5＋X分级结构模型，形成我国职业教育分级框架。职业教育分级促进了人才培养模式的多样化和教育教学管理的柔性化，使得社会成员进入职业教育体系学习更为便捷，终身学习路径更为畅通。

职业教育分级标准与国家职业分类和职业资格标准相适应，兼顾实际职业需求和职业人才发展需求，整合了学校教育要求和职业技能要求、受教育者职业胜任和未来职业发展的关系，是对职业教育分级要求的规范描述。建立职业教育分级标准是职业教育分级制度重要的基础性工作。标准源于职业，高于职业，用于职业，是

---

①孙善学．职业教育分级制度基本问题［J］．教育与职业，2011（22）．

②同①。

指导职业教育教学活动、保障教育质量和开展人才评价的基本依据。在多个专业领域建立起来的职业教育分级标准体系也将发挥其人才评价作用，形成职业教育和社会人力资源管理制度的良性互动。

### 3.4.5 职业教育分级标准建构方法

1. 构建标准的思路

职业教育中专业标准构建的逻辑起点来源于职业，对某一职业进行调研包括三维度调研，即职业纵向调研、横向调研以及内容调研。前两维度调研是面上调研，第三维度调研是点上调研。横向调研是对职业进行分类调研，纵向调研是对职业进行分级调研。职业分类和分级研究需要通过面上调研完成。研究市场营销职业分类，寻找不同类别的工作特征，从职业角度研究专业设置基础以及教学范围的依据，而研究市场营销各职业大类不同职业级别特征，目的是寻找职业教育各层级与职业级别的对应关系，为职业教学分级标准提供依据。研究职业教育中的专业教学标准，非常重要的是研究典型工作任务以及分析职业工作的复杂程度、工作流程、工具技巧、知识素质和技能等，这就需要对职业岗位进行科学调研，即点上调研。

职业调研的范围包括人才供求市场、重点行业协会和企业、国内外职业大典，从职业教育出发研究职业，还需要调研国际职业资格标准、国际职业教育教学标准。

对典型工作任务按照工作流程和复杂难易程度进行分解，寻找其动作行为标志和标准，按照教育教学认知理论和分类理论，将动作行为标准归类整理，按照认知、实践、方法、创新的教学逻辑，建构教学标准，对专业职业教育 $1\sim5^{+}$ 级职业教育分级标准分别从与行业企业、人才培养目标、人才培养规格、标志性教育任务、职业（岗位或工种）及职业发展方向、其他类型教育标准和职业资格的关系来展开进一步研究，使职业教育标准落地。

2. 标准建构方法

本研究主要使用调查法、文献法、比较研究法、解构—建构分析法等研究方法，对市场营销专业在北京市的发展背景、现状及发展趋势，该行业社会需求，北京市该行业“职业仓”等情况进行广泛深入调研，把握市场对该专业不同层次人才需求的规格特点；运用解构—建构方法解构不同职业级别层次完成典型工作任务的步骤、工具技巧、专业知识、专业技能，形成职业标准；在此基础上，根据教育的价值、教育的规律建构职业教育分级框架及职业教育分级标准。

（1）职业分类与分级

采取调研问卷、专访、集体访谈、网络调研、国内外权威资料搜集、数据分析整理方法，寻找职业分类的依据。包括对劳务市场及人才市场供求进行调研分析、对行业进行调研分析，对行业中的重点企业进行调研，对《中华人民共和国职业分类大典》进行了研究，对人力资源和社会保障部有关《国家职业标准》进行研究，同时对国际职业标准以及加拿大、澳大利亚 TAFE 的有关职业教育标准进行了搜集分析。

（2）构建职业仓

通过对劳务市场及人才供求市场、企业行业、国际职业标准进行调研，研究划分职业类别和职业级别层次，构建职业仓模型，如图 3－3 所示。[①] 横向表示按照不同职业大类的不同细类划分专业，纵向表示按照每个职业内部的层次结构划分职业教育级别。

| 级别 |
| --- |
| Ⅴ |
| Ⅳ |
| Ⅲ |
| Ⅱ |
| Ⅰ |

| | | | |
| --- | --- | --- | --- |
| Gw0120 gw0119<br>Gw0118 gw0117 | Gw0220 gw0219<br>Gw0218 gw0217 | Gw0320 gw0319<br>Gw0318 gw0317 | …… |
| Gw0116 gw0115<br>Gw0114 gw0113 | Gw0216 gw0215<br>Gw0214 gw0213 | Gw0316 gw0315<br>Gw0314 gw0313 | …… |
| Gw0112 gw0111<br>Gw0110 gw0109 | Gw0212 gw0211<br>Gw0210 gw0209 | Gw0312 gw0311<br>Gw0310 gw0309 | …… |
| Gw0108 gw0107<br>Gw0106 gw0105 | Gw0208 gw0207<br>Gw0206 gw0205 | Gw0308 gw0307<br>Gw0306 gw0305 | …… |
| Gw0101 gw0102<br>Gw0103 gw0104 | Gw0201 gw0202<br>Gw0203 gw0204 | Gw0301gw0302<br>Gw0303 gw0304 | …… |
| 专业 1 | 专业 2 | 专业 3 | …… |
| 专业大类/职业大类 | | | |

**图 3－3　职业仓模型**

（3）建立分级标准与教学标准之间的关系

研究市场营销职业大类不同职业级别层次岗位胜任力要求，解构不同职业级别层次完成典型工作任务的步骤、工具技巧、专业知识、专业技能，形成职业标准；在此基础上，根据教育的价值、教育的规律建构职业教育分级框架及职业教育分级

①孙善学，《分级制研发模型》，2011 年 1 月 13 日。

标准，并对市场营销专业职业教育 1～5⁺ 级职业教育分级标准分别从与行业企业、人才培养目标、人才培养规格、标志性教育任务、职业（岗位或工种）及职业发展方向、其他类型教育标准和职业资格的关系展开进一步研究，使职业教育标准落地。如图 3－4 所示。

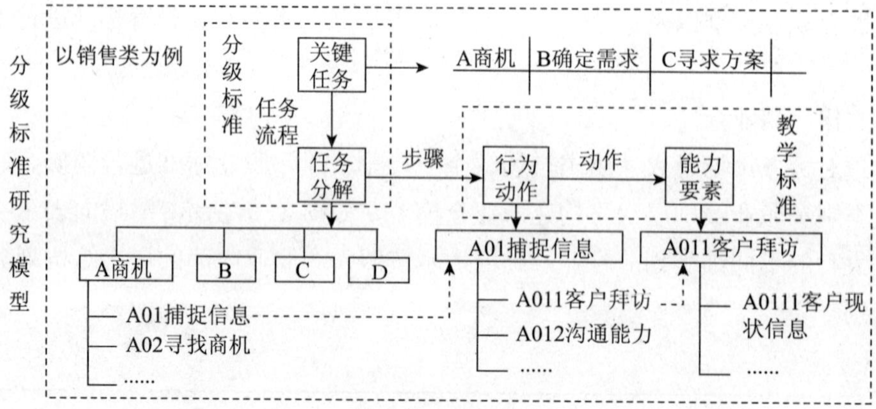


**图 3－4　分级标准建立及转化为教学标准模型**

## 3.5　职业教育分级制度项目研究

### 3.5.1　市场营销专业分级试点立项研究

职业教育分级制改革，是指北京市的职业教育分级制改革试点工作。① 为贯彻《国家中长期教育改革和发展规划纲要（2010—2020 年）》精神，构建中国特色的现代职业教育体系，2010 年北京市职业教育分级制度研究课题组颁布了《职业教育分级制度研究》草案，标志着北京市正式启动教育制度改革及现代职业教育体系构建工程。2010 年 12 月，北京市研究决定，在北京 10 所高等院校和 6 所中等职业学校开展职业教育分级制度改革试验项目立项的前期论证和申报工作。2011 年 1 月 13 日北京市教委向 16 所职业院校进行了职业教育分级制改革工作部署会；2011 年 1 月至 3 月，12 所北京市重点职业院校分别进行专业立项调研论证工作；2011 年 5 月 30 日至 6 月 2 日，有 9 个专业通过北京市职业教育分级制度研究立项论证答辩，成为第一批职业教育分级制度改革试点专业。市场营销专业成为第一批职业教育分

①柴福洪，陈年友．高等职业教育名词研究［M］．北京：高等教育出版社，2012：43.

级制度研究立项与实施试点单位。北京联合大学市场营销专业是市场营销专业标准制定与试点工作的牵头单位，并与北京财贸职业学院和北京商业学校组成联盟，共同完成职业教育分级制改革试验项目。

### 3.5.2　市场营销专业现状与趋势

30多年的市场营销理论与实践的发展轨迹与整个国家的改革开放，特别是市场经济发展的脉搏一起跳动。从计划经济到市场经济，市场营销扮演了催化其过程成熟的角色。市场营销专业是与国家经济发展大形势紧密联系在一起的。

市场营销专业的起源和发展来源于社会的需要，而它的未来的发展目标和发展方向也最终要归入社会的需要。从1979年至今，中国市场营销用30多年的时间走完了西方上百年走过的路，这个过程大体经历了4个阶段。

（1）20世纪70年代末—20世纪80年代中期

萌芽阶段。中国工业化进程短，市场经济不发达，商品供不应求，决定了20世纪70年代末改革开放初期中国的市场营销只能处于萌芽阶段。这时候市场营销专业还处于筹备期。

（2）20世纪80年代中期—20世纪90年代初

探索实验阶段。在这个阶段，宏观经济体制发生深刻的变革，特别是1992年，经济体制改革迎来了一个新高潮，市场开放、改革深化和经济迅速发展，将中国市场营销由萌芽带入探索实验阶段，市场营销活动呈现出“积极探索、百花齐放”的局面。企业的市场营销人员大部分没有受过专业教育，都是从其他专业或行业发展过来的，很多高级市场营销管理人员也没有接受过系统的营销知识培训和学习，做市场完全靠的是他们的经验和对行业发展前景的感觉，市场运作的科学性、系统性不强。因此，企业急需那种具备系统营销知识和技能的人才，特别是高级市场策划和管理人员，各大高校的“市场营销”专业应运而生，这时候市场营销基本照搬国外理论，处于模仿学习阶段。

（3）20世纪90年代中期—20世纪90年代末

理性发展阶段。20世纪90年代中期，我国的商品市场由短缺转变为过剩，总体市场特征为供过于求。中国企业积极参与国际分工和国际竞争，国际市场营销渐渐成为中国企业制定竞争战略时重点思考的问题。中国企业与境外产品之间的竞争演变为民族品牌保卫战，品牌意识强化提升了市场竞争的起点。国内市场和国际市场趋向一体化，决定了中国市场营销从封闭的垄断保护状态下的探索实验阶段向开放的市场竞争状态下的理性发展阶段过渡。这个阶段的营销学开始理性地思考西方的营销理论如何与中国的本土实践相结合。

(4) 21 世纪

创新发展阶段。随着全球市场一体化、企业生存数字化、市场竞争国际化的发展，以互联网、知识经济、高新技术为代表，以满足消费者的需求为核心的新经济形态迅速发展。市场营销的内容和手段也在不断地丰富和发展变化，企业的营销模式也与时俱进，积极引用新技术、新手段，创造了许多新的营销模式，也为营销理论与实践提出了许多新课题和新领域。

进入 21 世纪以来，营销专业的发展呈现出以下几个特点。

第一，营销理论研究方向开始专门化，在专业设置上开始出现以特定行业或企业为依托的专业方向，例如，医药营销、服装营销、房地产营销、汽车营销，等等，在专业特色建设方面进行探索。

第二，营销理论研究重点务实化。可以说，从 20 世纪 80 年代至 20 世纪末，企业营销管理的重点是转变思维，树立现代营销观念，培养现代营销意识，形成营销战略。市场营销专业教学内容理念层面较多。21 世纪的营销实践以及企业对营销人才的要求对高校的市场营销专业提出了全新的课题与挑战。目前，营销学界已经把目光转向终端市场营销、渠道管理、广告策划、促销策划、公关策划、产品推广等具体细致且实用有效的营销理论，从而使得市场营销专业开始关注应用性、操作性，走向实务。

第三，营销理论研究本土化与国际化相结合。我们用了近 20 年的时间，主要解决的是国外营销理论在我国的翻译引入、推广介绍和人才培养工作。进入 21 世纪后，市场营销理论的研究和应用，必须实现国际化与本土化的完美结合。此时的市场营销专业开始广泛地寻求校企合作，力求培养出的人才既具有国际化的视野，又能解决中国本土的实际问题。

市场营销专业紧跟时代需要，其师资规模、理论研究水平和教育教学能力得到不断发展，近年来一直处于社会紧缺人才的专业之列。

根据教育部高职高专概览 2007 版统计和教委 2008 年、2009 年招生目录发布结果，在北京市 24 所同类高校中，开设市场营销专业及学校的情况如表 3－3 所示，营销与策划专业及学校情况如表 3－4 所示，电子商务（网络营销）专业及学校情况如表 3－5 所示，北京地区市场营销类专业及学校总体情况如表 3－6 所示。

**表 3－3　　　　　　　市场营销专业及开设职业院校统计信息**

<table>
<tr><th></th><th>年份/学校合计</th><th>序号</th><th>学校代码</th><th>学校名称</th><th>专业方向</th><th>修业年限</th></tr>
<tr><td rowspan="33">专业名称：市场营销<br>专业代码：620401</td><td rowspan="14">2007 年/14 所</td><td>1</td><td>10015</td><td>北京印刷学院</td><td></td><td>3</td></tr>
<tr><td>2</td><td>10853</td><td>北京工业职业技术学院</td><td></td><td>3</td></tr>
<tr><td>3</td><td>10857</td><td>北京信息职业技术学院</td><td></td><td>3</td></tr>
<tr><td>4</td><td>10858</td><td>北京电子科技职业学院</td><td></td><td>3</td></tr>
<tr><td>5</td><td>11090</td><td>北京京北职业技术学院</td><td></td><td>2</td></tr>
<tr><td>6</td><td>11099</td><td>北京工业大学通州分校</td><td></td><td>3</td></tr>
<tr><td>7</td><td>11418</td><td>北京城市学院</td><td></td><td>3</td></tr>
<tr><td>8</td><td>12448</td><td>北京农业职业学院</td><td>（中英合作办学）</td><td>3</td></tr>
<tr><td>9</td><td>12448</td><td>北京农业职业学院</td><td></td><td>3</td></tr>
<tr><td>10</td><td>12561</td><td>北京财贸职业学院</td><td></td><td>3</td></tr>
<tr><td>11</td><td>12566</td><td>北京经济技术职业学院</td><td></td><td>3</td></tr>
<tr><td>12</td><td>12802</td><td>北京吉利大学</td><td></td><td>3</td></tr>
<tr><td>13</td><td>13728</td><td>北京培黎职业学院</td><td></td><td>3</td></tr>
<tr><td>14</td><td>51637</td><td>北京市经济管理干部学院</td><td></td><td>3</td></tr>
<tr><td rowspan="11">2006 年/11 所</td><td>1</td><td>10015</td><td>北京印刷学院</td><td></td><td>3</td></tr>
<tr><td>2</td><td>10853</td><td>北京工业职业技术学院</td><td></td><td>3</td></tr>
<tr><td>3</td><td>10857</td><td>北京信息职业技术学院</td><td></td><td>3</td></tr>
<tr><td>4</td><td>11090</td><td>北京京北职业技术学院</td><td></td><td>2</td></tr>
<tr><td>5</td><td>11099</td><td>北京工业大学通州分校</td><td></td><td>3</td></tr>
<tr><td>6</td><td>12448</td><td>北京农业职业学院</td><td>（中英合作办学）</td><td>3</td></tr>
<tr><td>7</td><td>12448</td><td>北京农业职业学院</td><td></td><td>3</td></tr>
<tr><td>8</td><td>12561</td><td>北京财贸职业学院</td><td></td><td>3</td></tr>
<tr><td>9</td><td>12564</td><td>北京北大方正软件职业技术学院</td><td></td><td>3</td></tr>
<tr><td>10</td><td>12802</td><td>北京吉利大学</td><td></td><td>3</td></tr>
<tr><td>11</td><td>51637</td><td>北京市经济管理干部学院</td><td></td><td>3</td></tr>
<tr><td rowspan="8">2005 年/8 所</td><td>1</td><td>10005</td><td>北京工业大学</td><td></td><td>2</td></tr>
<tr><td>2</td><td>10015</td><td>北京印刷学院</td><td></td><td>2</td></tr>
<tr><td>3</td><td>10853</td><td>北京工业职业技术学院</td><td></td><td>2</td></tr>
<tr><td>4</td><td>11418</td><td>北京城市学院</td><td></td><td>3</td></tr>
<tr><td>5</td><td>12448</td><td>北京农业职业学院</td><td></td><td>3</td></tr>
<tr><td>6</td><td>12561</td><td>北京财贸职业学院</td><td></td><td>3</td></tr>
<tr><td>7</td><td>12566</td><td>北京经济技术职业学院</td><td></td><td>3</td></tr>
<tr><td>8</td><td>12802</td><td>北京吉利大学</td><td></td><td>3</td></tr>
</table>

表 3-4　　营销与策划专业及开设的职业院校统计信息

| | 年份/学校合计 | 序号 | 学校代码 | 学校名称 | 专业方向 | 修业年限 |
|---|---|---|---|---|---|---|
| 专业名称：营销与策划<br>专业代码：620403 | 2007年/2所 | 1 | 11417 | 北京联合大学 | | 3 |
| | | 2 | 11831 | 首钢工学院 | | 3 |
| | 2006年/1所 | 1 | 11831 | 首钢工学院 | | 3 |
| | 2005年/3所 | 1 | 11417 | 北京联合大学 | | 3 |
| | | 2 | 11831 | 首钢工学院 | | 3 |
| | | 3 | 12564 | 北京北大方正软件职业技术学院 | | 3 |

表 3-5　　电子商务（网络营销）专业及开设的职业院校统计信息

| | 年份/学校合计 | 序号 | 学校代码 | 学校名称 | 专业方向 | 修业年限 |
|---|---|---|---|---|---|---|
| 专业名称：电子商务（网络营销）<br>专业代码：620405 | 2007年/19所 | 1 | 10015 | 北京印刷学院 | | 3 |
| | | 2 | 10853 | 北京工业职业技术学院 | | 3 |
| | | 3 | 10857 | 北京信息职业技术学院 | | 3 |
| | | 4 | 10858 | 北京电子科技职业学院 | | 3 |
| | | 5 | 11090 | 北京京北职业技术学院 | | 3 |
| | | 6 | 11418 | 北京城市学院 | | 3 |
| | | 7 | 11626 | 北京青年政治学院 | | 3 |
| | | 8 | 11831 | 首钢工学院 | | 3 |
| | | 9 | 12448 | 北京农业职业学院 | | 2 |
| | | 10 | 12448 | 北京农业职业学院 | | 3 |
| | | 11 | 12451 | 北京政法职业学院 | | 2 |
| | | 12 | 12561 | 北京财贸职业学院 | | 3 |
| | | 13 | 12564 | 北京北大方正软件职业技术学院 | | 3 |
| | | 14 | 12565 | 北京经贸职业学院 | | 3 |
| | | 15 | 12566 | 北京经济技术职业学院 | | 3 |
| | | 16 | 12733 | 北京科技经营管理学院 | | 3 |
| | | 17 | 13728 | 北京培黎职业学院 | | 3 |
| | | 18 | 50080 | 北京市计划劳动管理干部学院 | | 3 |
| | | 19 | 51637 | 北京市经济管理干部学院 | | 3 |

续　表

<table>
<tr><th></th><th>年份/学校合计</th><th>序号</th><th>学校代码</th><th>学校名称</th><th>专业方向</th><th>修业年限</th></tr>
<tr><td rowspan="34">专业名称：电子商务（网络营销）专业代码：620405</td><td rowspan="15">2006 年/15 所</td><td>1</td><td>10015</td><td>北京印刷学院</td><td></td><td>3</td></tr>
<tr><td>2</td><td>10853</td><td>北京工业职业技术学院</td><td></td><td>3</td></tr>
<tr><td>3</td><td>10857</td><td>北京信息职业技术学院</td><td></td><td>3</td></tr>
<tr><td>4</td><td>10858</td><td>北京电子科技职业学院</td><td></td><td>3</td></tr>
<tr><td>5</td><td>11090</td><td>北京京北职业技术学院</td><td></td><td>3</td></tr>
<tr><td>6</td><td>11626</td><td>北京青年政治学院</td><td></td><td>3</td></tr>
<tr><td>7</td><td>11831</td><td>首钢工学院</td><td></td><td>3</td></tr>
<tr><td>8</td><td>12448</td><td>北京农业职业学院</td><td></td><td>3</td></tr>
<tr><td>9</td><td>12561</td><td>北京财贸职业学院</td><td></td><td>3</td></tr>
<tr><td>10</td><td>12564</td><td>北京北大方正软件职业技术学院</td><td></td><td>3</td></tr>
<tr><td>11</td><td>12565</td><td>北京经贸职业学院</td><td></td><td>3</td></tr>
<tr><td>12</td><td>12733</td><td>北京科技经营管理学院</td><td></td><td>3</td></tr>
<tr><td>13</td><td>50008</td><td>北京市机械工业局职工大学</td><td></td><td>2</td></tr>
<tr><td>14</td><td>50080</td><td>北京市计划劳动管理干部学院</td><td></td><td>3</td></tr>
<tr><td>15</td><td>51637</td><td>北京市经济管理干部学院</td><td></td><td>3</td></tr>
<tr><td rowspan="19">2005 年/19 所</td><td>1</td><td>10853</td><td>北京工业职业技术学院</td><td></td><td>3</td></tr>
<tr><td>2</td><td>10857</td><td>北京信息职业技术学院</td><td></td><td>2</td></tr>
<tr><td>3</td><td>10857</td><td>北京信息职业技术学院</td><td></td><td>3</td></tr>
<tr><td>4</td><td>10858</td><td>北京电子科技职业学院</td><td>物流方向</td><td>3</td></tr>
<tr><td>5</td><td>10858</td><td>北京电子科技职业学院</td><td></td><td>3</td></tr>
<tr><td>6</td><td>11090</td><td>北京京北职业技术学院</td><td></td><td>3</td></tr>
<tr><td>7</td><td>11417</td><td>北京联合大学</td><td></td><td>3</td></tr>
<tr><td>8</td><td>11418</td><td>北京城市学院</td><td></td><td>3</td></tr>
<tr><td>9</td><td>11626</td><td>北京青年政治学院</td><td></td><td>3</td></tr>
<tr><td>10</td><td>11831</td><td>首钢工学院</td><td></td><td>3</td></tr>
<tr><td>11</td><td>12448</td><td>北京农业职业学院</td><td></td><td>2</td></tr>
<tr><td>12</td><td>12448</td><td>北京农业职业学院</td><td></td><td>3</td></tr>
<tr><td>13</td><td>12451</td><td>北京政法职业学院</td><td></td><td>2</td></tr>
<tr><td>14</td><td>12561</td><td>北京财贸职业学院</td><td></td><td>3</td></tr>
<tr><td>15</td><td>12564</td><td>北京北大方正软件职业技术学院</td><td></td><td>3</td></tr>
<tr><td>16</td><td>12565</td><td>北京经贸职业学院</td><td></td><td>3</td></tr>
<tr><td>17</td><td>12566</td><td>北京经济技术职业学院</td><td></td><td>3</td></tr>
<tr><td>18</td><td>12733</td><td>北京科技经营管理学院</td><td></td><td>3</td></tr>
<tr><td>19</td><td>13728</td><td>北京培黎职业学院</td><td></td><td>3</td></tr>
</table>

表 3－6　　北京地区高职高专市场营销相关专业统计信息

| 大类 | 二级类 | 专业 | 北京地区设置该专业的学校数量 | | | | | | | | | | | | |
|---|---|---|---|---|---|---|---|---|---|---|---|---|---|---|---|
| | | | 2009 年 | | 2008 年 | | 2007 年 | | | 2006 年 | | | 2005 年 | | |
| | | | 3 年制 | 合计 | 3 年制 | 合计 | 3 年制 | 2 年制 | 合计 | 3 年制 | 2 年制 | 合计 | 3 年制 | 2 年制 | 合计 |
| 62 财经大类 | 6204 市场营销类 | 620401 市场营销 | 16 | 16 | 16 | 16 | 14 | 1 | 15 | 10 | 1 | 11 | 5 | 3 | 8 |
| | | 620402 市场开发与营销 | 0 | 0 | 0 | 0 | 0 | 0 | 0 | 0 | 0 | 0 | 0 | 0 | 0 |
| | | 620403 营销与策划 | 2 | 2 | 2 | 2 | 2 | — | 2 | 1 | 0 | 1 | 3 | 0 | 3 |
| | | 620404 医药营销 | 1 | 1 | 0 | 0 | 0 | — | 0 | 0 | 0 | 0 | 0 | 0 | 0 |

### 3.5.3　市场营销专业分级制改革项目研究的主要内容及价值

1. 项目研究的主要内容

本课题以市场营销专业为例展开职业教育分级制度研究。

市场营销专业是一个实践性和应用性、操作性极强的专业。它是现代企业了解市场、分析市场、进入市场并遵循市场发展变化规律，合理调配自己的内外部资源以追求利润的有效工具。它的起源和发展来源于社会的需要，而它的未来的发展目标和发展方向也最终要归入社会的需要。该专业与首都经济社会发展关系密切。

市场营销类职位是人才市场需求榜上不落的冠军。各大招聘网站提供的数据显示，营销类岗位始终稳定在所有招聘职位总数的 20％左右，是目前招聘岗位中的大类，且发布职位数每天仍在持续增长。市场营销类人才需求旺盛，职业的社会吸引力较强，任职资格在学历要求上具有较明显的分级特征，同时要求任职者具有较强的实战经验，因此，市场营销职业的分级特点明显，市场营销专业适合采取分级式的职业教育模式。

（1）职业分析过程、方法、路径研究

确定职业分析的过程、方法、路径是本课程展开市场营销职业级别标准及职业教育分级标准研究的前提及基础性工作。本课题将在对世界上比较典型的美国、德国、澳大利亚三国职业分析方法进行对比分析的基础上，结合中国职业活动及职业教育的实际情况，进行职业分析的过程、方法及路径设计研究。

（2）市场营销职业级别标准研究

在展开职业分析过程、方法、路径研究的基础上，通过企业行业调研、国际国内职业标准调研，进行市场营销职业分级与分类，构建职业仓模型；解构市场营销不同职业级别层次完成典型工作任务的步骤、工具技巧、专业知识、专业技能，形成市场营销职业级别标准。

（3）市场营销职业教育分级标准研究

在解构不同职业级别层次完成典型工作任务的步骤、工具技巧、专业知识、专业技能的基础上，根据教育的价值、教育的规律建构职业教育分级框架及职业教育分级标准。对市场营销专业职业教育 1～5$^{+}$ 级职业教育分级标准分别从与行业企业、人才培养目标、人才培养规格、标志性教育任务、职业（岗位或工种）及职业发展方向、其他类型教育标准和职业资格的关系展开进一步研究，使职业教育标准落地，通过职业标准与教育标准的融合，体现从职业出发育人的教育属性，使分级制教育与职业需求零距离对接。

（4）市场营销专业职业教育分级教学设计研究

基于职业教育构建终身教育体系理念，展开“基于职业成长”的学习路径设计研究，以保证学习者不论年龄、生活经历和工作经验如何，在成长路径中都能够找到相对应的阶段及培养蓝图，将职业工作作为一个整体化的行为过程进行分析，将学习过程与市场营销工作任务有机结合，设计“认知—能力形成—能力提高—校验”的教学体系。

2. 项目研究的价值

本项目具有重要实际意义及理论价值。

（1）本课题的研究是北京构建职业教育体系及职业教育分级制改革的基础性、样本性研究，对推进北京职业教育改革向纵深发展及现代职业教育体系的构建具有重大理论及实际价值。

（2）本课题对于中国职业教育理论的研究具有开创性意义。

（3）本课题以一个职业社会吸引力较强、职业分级特点明显、与首都社会经济发展关系密切的专业为样本展开职业教育分级制度研究与试验，其研究成果及试验经验对于其他财经类专业职业教育分级研究及实践具有极强的示范及借鉴意义，将对北京市现代职业教育体系构建提供实证基础以及方法学借鉴。

### 3.5.4 项目研究的创新与特色

从目前国内外关于职业教育的相关研究成果及动向看，以一个职业社会吸引力较强、职业分级特点明显、与首都社会经济发展关系密切的专业为样本，在通过企业行业调研、国际国内职业标准调研，进行市场营销职业分级与分类，构建职业仓模型的基础上，解构市场营销不同职业级别层次完成典型工作任务的步骤、工具技巧、专业知识、专业技能，形成市场营销职业级别标准，进而根据教育的价值、教育的规律建构职业教育分级框架及职业教育分级标准，并基于职业教育构建终身教育体系理念展开“基于职业成长”的学习路径设计研究，尚属空白。因此，本项目所做的工作将是开拓性的，其理论成果是全新的。本项目的创新与特色主要体现在以下几个方面。

1. 职业教育分类与分级方法和个案实证

本项目研究从职业教育创新性角度提出如何从职业分析入手，运用三维模型分析职业教育分类和分级的可行性和操作性，总结出一套职业教育分类与分级实施指南并经过个案实证。

例如，个案“市场营销职业仓模型构建”就如何获得市场营销职业大类中不同职业类别及层次的岗位分布规律及市场营销职业任职者的学业背景、实战经验和职业素质与之对应的关系，本项目在解决这一难点上提供了具体理论与实践方法。主要方法是采用调研问卷、专访、集体访谈、网络调研、国内外权威资料搜集、数据分析整理等方法，对劳务市场及人才市场供求进行调研分析，调研分析了九大行业，35 个部门，221 个岗位，并对《中华人民共和国职业分类大典》和国际职业标准进行了研究和分析，获得市场营销职业大类中市场类、销售类、客服类职业岗位的分布规律及市场营销职业任职者的学业背景、实战经验和职业素质与市场类、销售类、客服类职业岗位的对应关系，构建了市场营销职业仓模型，为市场营销职业级别标准及职业教育分级框架与职业教育分级标准的研究奠定了基础。

本项目在以下方面具有创新和特色：

①从职业教育出发的职业分析过程、方法和路径；

②职业分类与分级研究方法；

③职业仓研究路径与个案实证。

2. 职业教育分级标准体系构建方法

本项目研究与验证相结合，构建了从岗位工作内容及流程、典型工作任务、职业能力、职业标准直至职业教育标准的解析模型并进行了个案实证。

例如，个案“市场营销专业职业教育分级标准”通过建立企业销售序列流程任务动作模型，解构市场营销不同职业级别层次完成典型工作任务的步骤、工具技巧、专业知识、专业技能，形成市场营销职业级别标准。在形成职业级别标准的基础上，进而根据教育的价值、教育的规律建构职业教育分级框架及职业教育分级标准。通过对销售类职业级别标准及销售类职业教育分级标准的解构—建构分析获得了职业分析的过程与路径，形成了可供推广的经验与方法，对其他财经类专业职业教育分级具有重要的方法学借鉴意义。

本项目在以下方面具有创新和特色：

①典型工作任务提取方法和研究路径；

②职业能力解构与标准建构方法；

③基于职业标准的职业教育标准构建实证。

3. 职业教育课程开发方法与原理

本项目提出职业教育课程体系二元状态下的结构和内容思路，构建从职业体系入手，分析工作体系、职业教育体系、职业教育课程体系直至课程开发一整套课程设计思路和方法，对职业教育的标志性教学任务——“课相”进行理念、框架体系、内容结构等层面的方法论研究，在“以职业教育分级标准提出的能力目标为依据，以实际职业活动或典型工作任务为载体，以学习者为中心，教、学、训、做、评相融合的职业教育教学任务和教学组织模式”方面进行模型研究，并提供设计方法。

本项目在以下方面具有创新和特色：

①职业教育课程体系开发三维模型；

②与学科体系相对应的工作体系构建方法；

③基于工作体系的职业教育课程结构和内容重构方法。

4. 学习路径与职业成长路径同步的教学设计

本项目从学习者终身教育和以学习者为中心的理念出发，建立了学习路径与职业成长路径同步的教学蓝图，以学习者为中心重新定位教学组织与设计，对学习者从入学开始的整个学习过程进行开放性设计，提供个性化人才培养方案。

本项目在以下方面具有创新和特色：

①基于职业成长规律的学习路径设计；

②分级制改革试验下的人才培养方案设计。

# 第二部分　职业研究基础

职业教育的层级类别划分与普通教育是有区别的。普通教育按照学科体系进行专业归类，按照年龄层次、知识体系、人的认知规律所对应的程度进行分层教育。而职业教育除了与普通教育同样遵循教育学、社会学基本规律外，其专业对应着职业，人才培养过程中就业导向明显，人才培养规格、标准需要参照职业岗位规格标准，其人才培养最重要的几个标志性问题都依赖于充分的职业分析。一个职业能否分级？怎么分级与分类？职业岗位工作内容和工作要求是什么？职业岗位人才规格标准是什么？这些基本问题通过调研得出真实客观依据，用以支撑职业教育人才培养标准的制定以及教学体系构建等基础研究。

## 4　职业分析的过程、方法、路径研究

### 4.1　职业分析的内容及过程

站在职业教育角度进行职业分析，是以职业人研究为核心，研究社会经济发展、职业、职业人、职业需求市场等要素及其相互关系。其前向可扩展到社会经济发展变化对职业人的需求的研究，后向可扩展到如何围绕职业岗位需求构建教学体系和模式的研究。由此涉及宏观和微观的系列分析内容和过程。概括起来如图 4－1 所示。

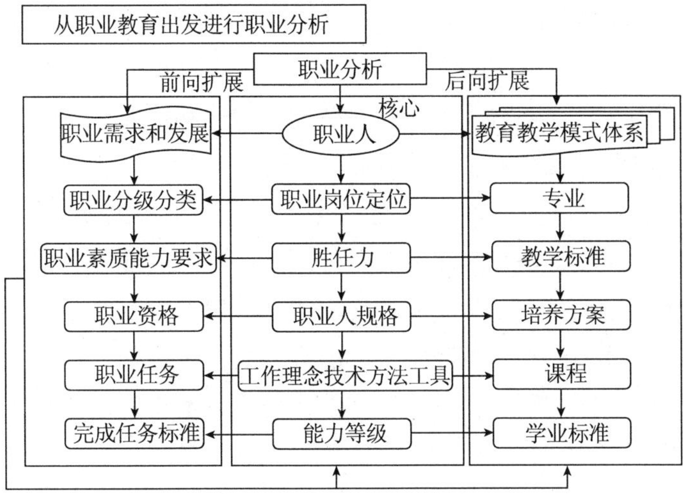


**图 4－1　职业分析的内容及过程**

## 4.1.1　职业结构和职业功能变化对职业需求的影响

经济发展是教育存在和发展的物质基础和条件，经济发展水平制约着教育发展的规模和速度，制约着教育结构和教育体制。从教育经济学的观点来看，职业教育发展的规模和速度最终要受生产力发展水平、经济结构的制约与支配。经济发展与职业教育的关系如图 4－2 所示。

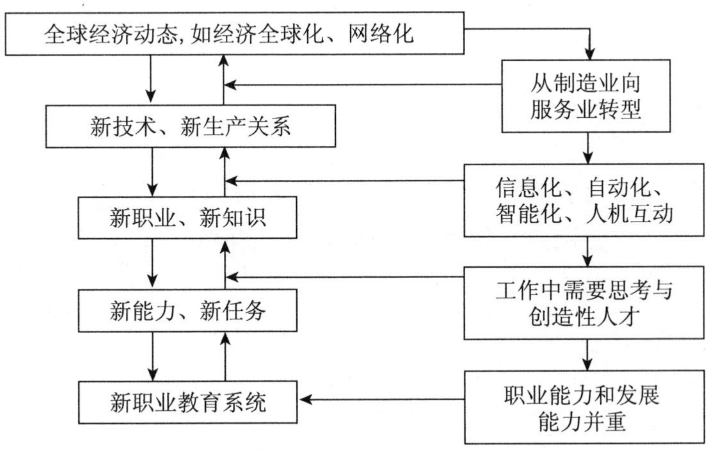


**图 4－2　经济发展与职业教育互动关系**

20 世纪 70 年代以后兴起的全球化、信息化、网络化浪潮，使企业生产组织形式发生巨大变化，涌现出以精益生产、零库存、JIT（Just in Time）为代表的一系列组织变革、工艺革命和技术创新，原有的泰勒式的完成企业交付的任务的能力已经不能满足新生产和组织形式的需要，代之以思考设计整个工作过程，设计人机互动方式等更综合化的知识能力。由于职业结构和职业功能发生改变，新技术、新生产方式、新管理理念以及新消费方式促使新职业不断诞生，同时带动新业态出现，这些新业态与传统职业融合而大量涌现“复合职业”、“新型职业”，由此带动职业需求的多样化和易变性。职业需求的变化带来职业分类和职业分级的变化，使得职业岗位胜任力随之调整变化。职业人的素质能力结构发生变化，使得以培养职业人为主要目标的职业教育在人才培养类别、层级、岗位对应的专业以及人才规格要求方面必须随之调整变化。20 世纪 80 年代注重文凭，就业以计划为主，讲究专业对口；20 世纪最后 10 年经济迅速发展，职业岗位分工越来越细，专业化、技术性程度越来越高，原有的中、高等教育学历文凭与企业用人标准不一致，不能满足就业人才规格的需要，我国开始大规模进行职业资格证书培训，通过训练职业硬指标来强化职业人能力，同时，职业院校加大实践教学环节，强化操作技能训练；进入 21 世纪以来，经济发展向着智能化、智慧化方向发展，人的思维境界、人的创造性、人的处世哲学和方法态度对生产工作起着越来越重要的作用，机械化操作技能、标准工艺流程被柔性生产、组织创新、流程再造所取代，职业素质能力结构发生变化，沟通、合作、不断学习能力、适应变化能力、创新思维能力成为职业岗位的通行能力，成为职业人职业发展的核心能力，成为职业教育培养的重点，直接影响着职业教育标准的调整和变化。因此，职业分析必须研究职业需求，职业的现实需求可以通过市场供求、行业企业调研获得，而职业的未来需求需要依据职业结构和功能变化发展进行推测和判断。

### 4.1.2 职业特征分析

从职业教育出发对职业特征进行分析，主要目的是为职业教育培养目标定位，为专业设置、教学模式构建、教学体系建立寻找依据并提供支撑。其分析构架如图 4－3 所示。

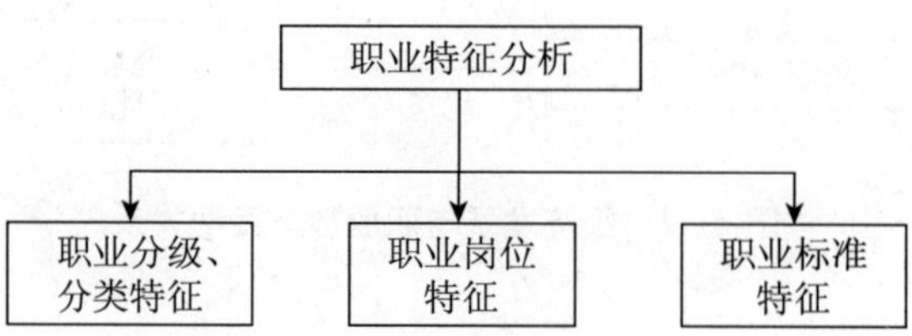


**图 4－3 职业特征分析**

1. 职业分级和分类特征

职业教育分级来自于客观依据，以客观存在的职业岗位具有级别特征为基础，并且依据和对应职业岗位级别。因此，职业的分级特征对职业教育分级至关重要，也就是说，一个职业若不具有分级特征，就从客观上否定了职业教育分级的可能。同时，由于职业业态可能的多样性导致工作模式和行为特征不同，致使同一个职业对应多个岗位组成的岗位群，在职业教育领域可能需要划分不同的专业和制订不同的教学方案，这就要求只有对职业分类特征进行研究，才能准确把握职业人的职业岗位定位。

（1）职业分级特征

职业分级特征主要表现在以下两个方面。

第一，岗位工种的层次级别。工作难易、复杂程度不同，完成工作的标准不同，使得该职业需要划分成多个层次级别，市场需求呈现不同层次级别工种、岗位名称，可以通过人才供求市场时时发布，从而得到客观依据。

第二，职位、职称的层次级别。由于工作岗位需要不同，同一个职业具有多种岗位胜任力和职位要求，使得该职业需要划分成许多不同层次级别的职位职称，市场需求呈现不同层次级别的人才规格描述，也可以通过人才供求市场时时发布而得到客观依据。

从市场需求看，有些职业岗位层次以基层的层次为主，有些岗位以中、高层次为主，有些职业覆盖低、中、高所有层次，还有些职业随着职业结构和职业功能变化呈现重心向下或者向上移动或者逐渐消失的特征，这些变化都会极大地影响职业教育的分级分类，即对职业教育专业和教学定位影响很大，因此，还必须研究该职业的专业特征和历史发展路径，预测推断未来该职业分级分类的走势，使职业教育分级建立在开放性研究基础上，形成动态化设计。

（2）职业分类特征

市场的需要对职业分类提出客观要求，主要表现在同一职业大类中的许多岗位具有不同的工作目标、工作性质和工作模式，在人才供求市场上呈现不同的岗位职责描述和人才规格差异，这些差异既有存量也有增量，不能按照一个或一类标准进行工作规范和职责衡量，只能分成各自独立的就业类别，分别面向社会招聘，这些职业特征客观上给职业教育分级中的专业或专业方向分类提供了依据。

第一，职业分类特征表现为工作重心或目标不同。同一职业当中分工的专业化和技术性要求可能带来较大的岗位差异，这种差异需要通过职业分类加以区分。

第二，职业分类特征表现为工作模式不同。例如，市场营销专业，营销人才在企业中分属不同部门岗位，其工作流程、行为方式差异较大，外在表现形式上一个是挣钱部门，一个是花钱部门，其客观分类特征明显。

第三，职业分类特征表现为工作岗位性质不同。人才规格类型由于工作性质不同形成较大差异，人的职业特征差异导致职业分类。

2. 职业岗位特征

职业岗位特征是客观调研的结果，从宏观调研来看，主要包括职业岗位所在业态发展、地区中长期发展规划、职业岗位分布等。从微观调研来看，主要包括对职业人的调研和对职业任务的调研，如图 4－4 所示。

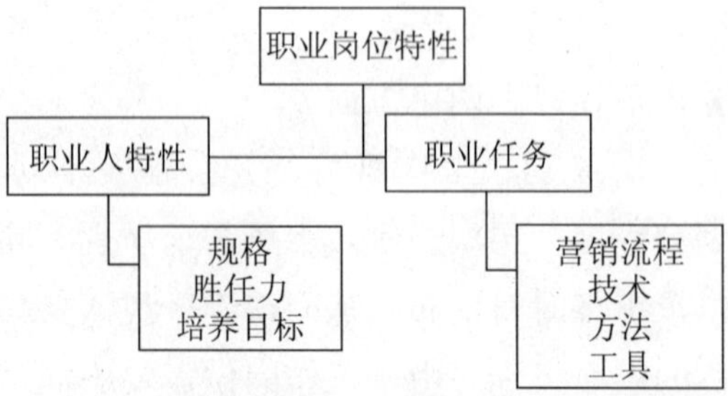


**图 4－4　职业岗位特性**

对职业人的调研至少包括职业主要类别中各高、中、基层级别和职位的人员，调研的重点人员是管理者或领导者，另外，调研的重点部门是人力资源部门，调研内容包括职业岗位各类各级人员规格、岗位胜任力以及具备的关键能力，作为职业教育培养目标和教学标准制定依据；同时，对该职业的职业任务进行调研，通过对工作模式、工作方法、工作步骤、工作技术及工具的调研，分析工作任务的构成，工作的流程及衔接关系，工作分解的任务、活动及其动作特征，更重要的是寻找典型工作任务。对工作体系特征进行分析是职业教学体系构建的基础。

3. 职业标准特征

所谓标准，是用于比较的一般可接受的基本尺度，是衡量事物的准则，可供同类事物比较核对（《现代汉语词典》）。标准可以分为技术标准、管理标准和工作标准三大类。职业标准主要指工作标准，工作标准是指对工作的责任、权利、范围、质量、程序、效果及检查方法和考核办法所制定的标准，例如，国家职业标准主要是工作标准，它是在职业分类的基础上，根据职业（工种）的活动内容，对从业人员工作能力水平的规范性要求。通过职业标准可以确定职业岗位工作的标准要求。因此，一个职业的职业标准特征至少要从该职业的工作内容和工作要求方面进行分析。

(1) 工作内容

工作内容是指完成职业任务所应做的工作，包括这些任务所涵盖的项目、活动、行为动作，它们之间的顺序、衔接关系、流程以及难易程度等。这些工作内容要素及其背后的工作情境、工作方法及工具以及生产关系和人际关系构成该职业独特的工作内容体系。这些内容体系规划化要求构成该职业的职业标准特征，并且工作内容体系是职业教育教学体系的重要组成内容。

(2) 工作要求

工作要求是在对职业活动内容进行分解和细化的基础上，从素质、能力和知识3个方面对完成各项具体工作所需职业能力的描述。工作要求主要反映在完成该职业工作所需的职业能力上。职业能力是人们从事一门或若干相近职业所必备的本领，是个体在职业工作、社会和私人情境中科学的思维、对个人和社会负责任行事的热情的能力，是科学地工作和学习的基础。一个职业工作内容体系具有独特性，与之相对应的工作要求理应具有该职业的独特岗位胜任特征，这些特征从素质、能力、知识3方面进行分解，归纳形成职业能力，这些职业能力是职业教育标准的重要组成部分。

总之，职业教育以培养能够胜任职业工作任务，达到岗位工作要求的人才，满足用人单位对人才的规格和素质能力要求为目标。因此，社会（行业、企业）用人标准是职业教育教学标准的重要组成部分。进一步说，职业教育教学标准必须反映职业标准，与国家职业分类和职业资格标准相适应。

### 4.1.3 职业分析要解决的关键问题

职业分析重点内容概括如下：职业分级与分类；职业仓的形成；职业标准；职业特殊性。

研究市场营销职业大类不同职业级别层次岗位胜任力要求，解构不同职业级别层次完成典型工作任务的步骤、工具技巧、专业知识、专业技能，构建“职业仓”，形成职业标准。

构建“职业仓”。根据劳务市场及人才供求市场调研、企业行业调研、国际职业标准调研，研究市场营销职业大类不同职业级别层次，构建市场营销职业仓模型。

研发职业教育分级标准及其体系。在解构不同职业级别层次完成典型工作任务的步骤、工具技巧、专业知识、专业技能的基础上，根据教育的价值、教育的规律建构职业教育分级框架及职业教育分级标准。

基于职业教育标准制订培养计划。分别从对应行业企业、人才培养目标、人才培养规格、标志性教育任务、对应职业（岗位或工种）及职业发展方向、同其他类型教育标准和职业资格的关系展开进一步研究，使职业教育标准落地。

以学习者为中心的教学改革和方案设计。将职业工作作为一个整体化的行为过程进行分析，将学习过程与职业工作任务有机结合，设计“认知—能力形成—能力提高—校验”的教学体系，形成以学习者为中心的教学改革和方案设计。

通过对这些重点内容的分析，解决以下关键问题：职业分级与职业教育分级的关系；如何依据职业分级形成职业教育分级；职业标准和职业教育标准的关系；职业标准如何转化为职业教育；职业工作体系与教学体系的关系；职业能力的特殊性在职业教育中如何培养。

## 4.2 职业分析方法

吸收国内外职业分析研究的思路与方法，通过劳务市场及人才供求市场调研、企业行业调研、国际职业标准调研，研究职业市场现实需求，预测未来发展趋势，建立“职业仓”，研究职业教育分级标准的内涵与标志。本研究主要使用调查法、文献法、比较研究法、解构—建构分析法、试验法等研究方法。

研究行业职业在北京市的发展背景、现状、发展趋势及社会需求，通过调研构建北京市行业职业的“职业仓”，把握职业岗位不同层次人才需求的规格特点。

运用解构—建构方法，解构不同职业级别层次完成典型工作任务的步骤、工具技巧、专业知识、专业技能，形成职业标准，在此基础上，根据教育的价值、教育的规律建构职业教育分级框架及职业教育分级标准，通过职业标准与教育标准的融合，体现从职业出发育人的教育属性，使分级制教育与职业需求零距离对接。

通过试验展开分级制人才培养试验研究，以达到暴露问题、验证方案、探求方法、取得经验、锻炼队伍的目的，为北京职业教育体系构建提供坚实的实证基础。

在后续章节，将就市场营销职业分析方法进行详细论述。

## 4.3 职业分析的研究路径

第一，进行理论研究。对国内外职业教育体系分级理论、实践研究相关文献进行分析学习，明确研究理念、思路和方法工具。

第二，职业分析必须由院校职业专家老师和行业企业专家共同参与，全方位进行职业岗位调研，选取调研路径包括劳务市场和人才市场供求调研，行业中具有影响力的企业部门、岗位、各级人员调研，国家职业大典调研，国家职业资格标准调研，国际职业标准调研，国际企业职业岗位调研。据此构建“职业仓”。

第三，研究职业工作任务和工作要求，解构不同职业级别层次的典型工作任务和职业能力，借鉴国家职业资格标准，形成职业标准。

第四，根据职业教育的目标和规律建构职业教育分级框架及职业教育分级标准。

第五，研究 1～$5^+$ 级职业教育分级标准，分别从对应行业企业、人才培养规格、标志性教育任务等方面制订教学方案。

职业分析的研究路径如图 4－5 所示。

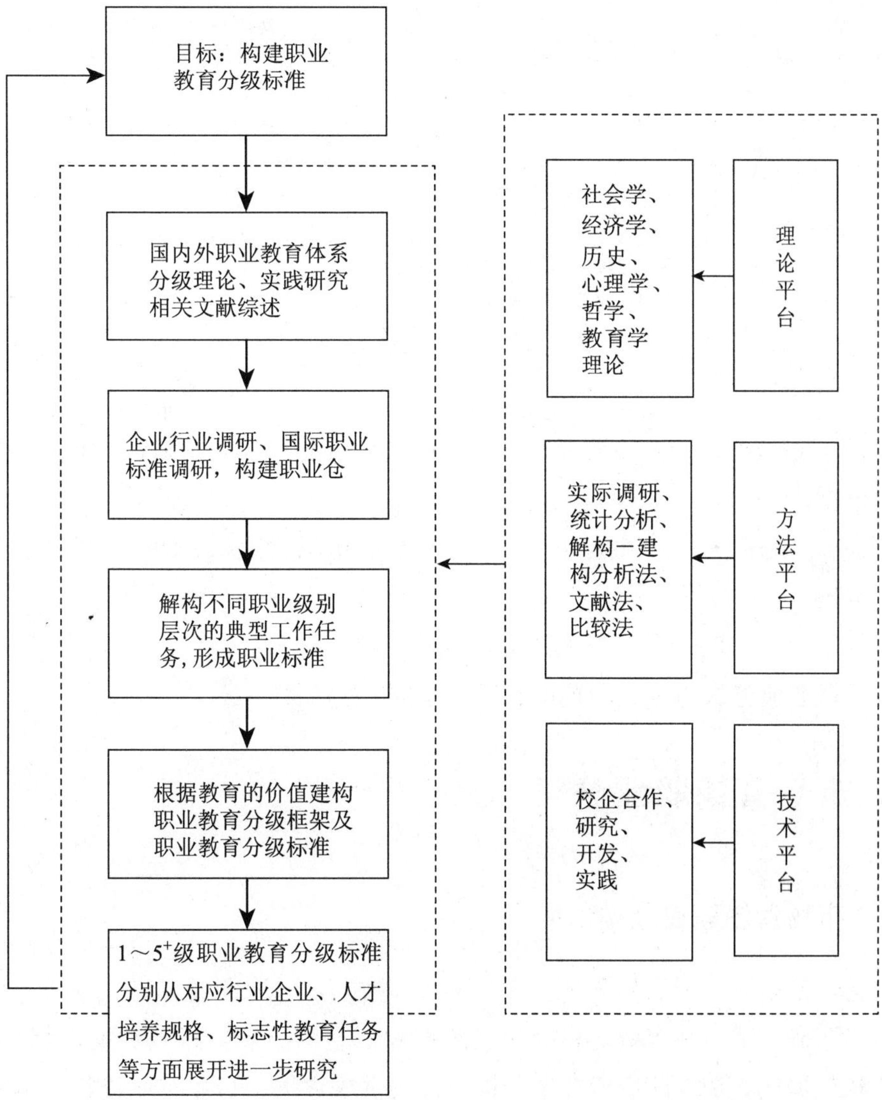


**图 4－5　职业分析研究路径**

# 5　市场营销职业分级与分类研究

采用调研论证和模型研究方法，从三维途径寻找市场营销职业分级和分类的依据，如图 5－1 所示。

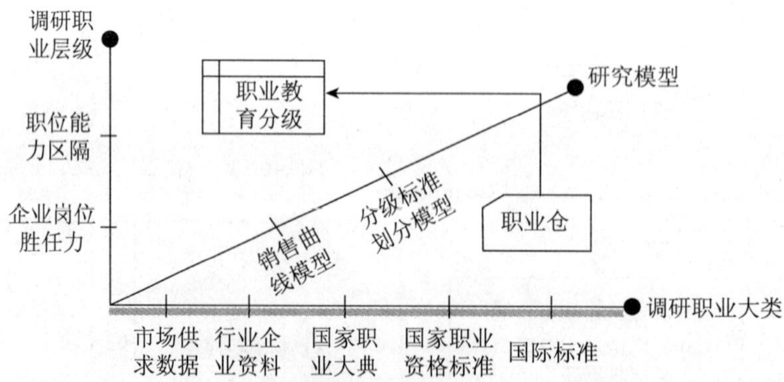


**图 5－1　三维途径**

途径 1（横轴表示）：主要通过 5 个方面进行市场营销职业调研，提供职业分类的客观依据。

途径 2（纵轴表示）：主要通过 2 个方面进行市场营销职业调研，提供职业分级的客观依据。

途径 3（斜线表示）：主要通过对市场营销理论与实践研究，从专业角度进一步研究分析该职业分级与分类的理论和现实依据。

## 5.1　市场营销职业分类

### 5.1.1　市场营销职业分类依据

市场营销职业类别的划分来自客观事实和数据，采取问卷调研、专访、集体访谈、网络调研、国内外权威资料搜集、数据和信息的整理分析及数据挖掘等方式。其事实和数据从 5 个方面进行搜集分析：市场供求数据；行业企业资料；国家职业大典；国家职业资格标准；国际标准。

调研对象主要覆盖国内重点市场营销行业、市场营销企业相关部门岗位及人员、市场营销劳务及人才市场、国际相关资料数据等方面，以寻找职业分类的依据。

市场营销职业分类调研内容和框架概括起来如图 5－2 所示。

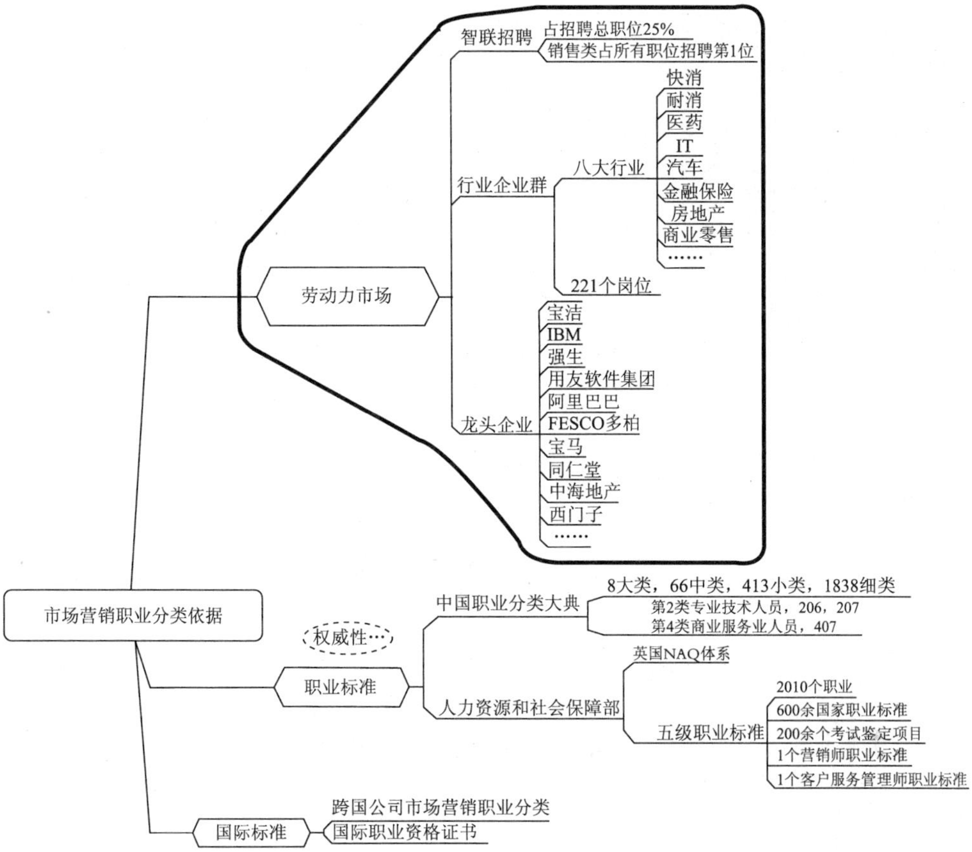


**图 5－2　市场营销职业分类调研框架**

## 5.1.2　市场营销职业市场供求分析

对劳务市场及人才市场的供求情况时时跟踪，选取采集样本，数据采集时间是 2011 年 2 月 10 日 21：00，对采集的数据进行技术分析，数据结果如图 5－3 所示。

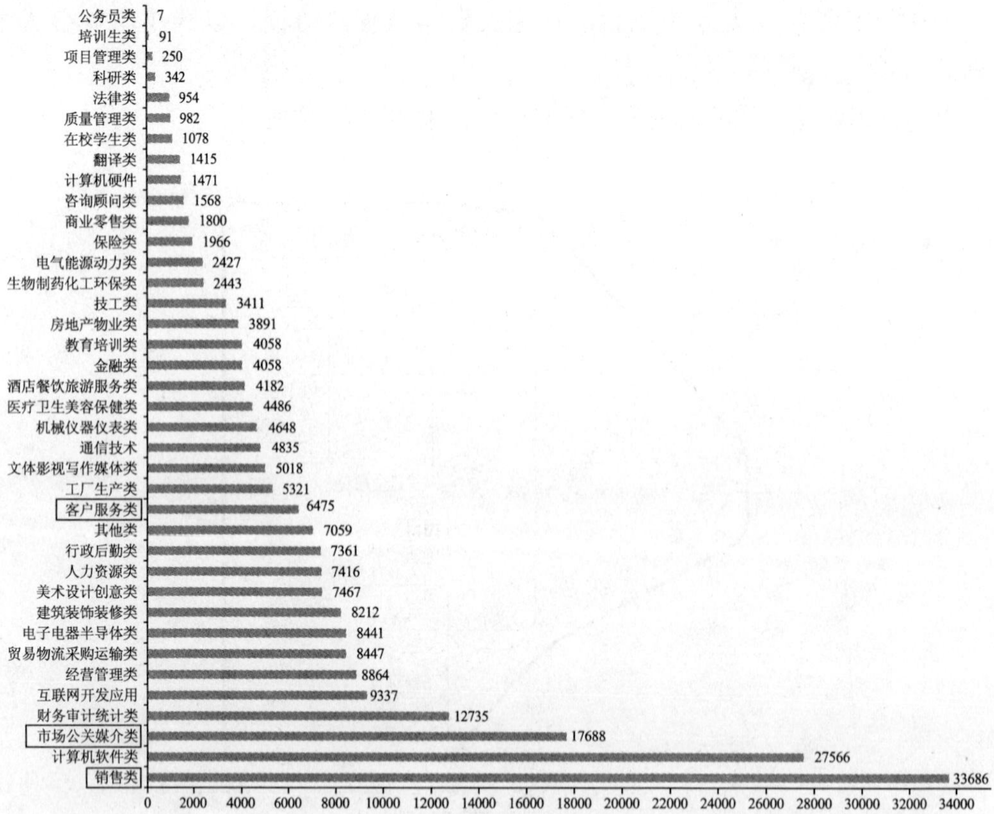


**图 5－3 北京人才网发布的职位需求信息统计**

通过市场调研，进行数据分析，得出结果，如图 5－4 所示。

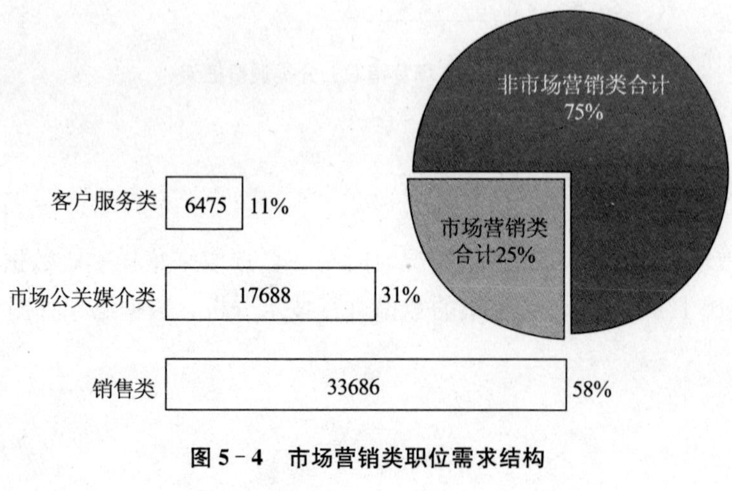


**图 5－4 市场营销类职位需求结构**

①市场营销类职位占全部招聘职位总数的25%，市场营销类职位是人才市场需求榜上不落的冠军。

②销售类职位需求（33686）名列第1，销售类职业需求比例最高，占全部招聘职位数比例的14.55%；市场类职位需求（17688）位居全部职位需求第2位，占总数的7.64%；客户服务类职位的需求（6475），占招聘总数的2.8%。

③在市场营销三大类中，销售类占比最高，为58%；其次是市场类人才需求，占31%；客户服务类人才需求略显薄弱，占市场营销类总职位需求的11%。

④各大招聘网站的市场营销类岗位可概括为三大类职位，即销售类职位、市场类职位、客户服务类职位，如表5－1所示。

**表5－1　　市场营销类典型职位**

| 销售类职位 | 市场类职位 | 客户服务类职位 |
|---|---|---|
| 销售代表·客户经理 | 广告客户经理 | 客户服务专员·客户服务助理 |
| 销售经理·销售主管 | 市场企划经理/主管 | 客户服务经理·客户服务主管 |
| 业务拓展（BD）经理 | 产品专员·品牌专员 | 客户咨询热线·呼叫中心人员 |
| 电话销售 | 市场企划专员 | 售前支持工程师 |
| 商务专员·商务助理 | 产品经理·品牌经理 | 售后支持工程师 |
| 区域销售管理 | 市场调研与分析 | 客户关系管理 |
| 渠道总监·分销总监 | 市场营销专员 | 售后支持经理·售后支持主管 |
| 渠道代表 | 市场专员·市场助理 | 客户服务总监 |
| 销售助理 | 公关媒介专员 | 其他职位（客户服务类） |
| 商务经理·商务主管 | 广告客户主管·广告客户专员 | |
| 渠道分销经理/主管 | 公关媒介经理/主管 | |
| 销售总监 | 广告创意·策划·设计或文案 | |
| 其他职位（销售类） | 市场营销经理/主管 | |
| | 市场经理/主管 | |
| | 会务经理/主管 | |
| | 市场总监 | |
| | 会务专员 | |

⑤对比劳务市场和人才市场对市场营销职业各类别学历规格描述，学历的重要程度和高低层次在三大类中依次为市场类、销售类和服务类，总结如表5－2所示。

表 5-2　　市场营销三大类职位学历要求

| 学历要求 | 销售类职位 | 市场类职位 | 客服类职位 |
|---|---|---|---|
| 不限 | 36.7% | 39.6% | 43.5% |
| 初中 | 0.4% | 0.2% | 0.2% |
| 高中 | 4.5% | 2.7% | 3.0% |
| 中技 | 0.4% | 0.1% | 0.4% |
| 中专 | 3.7% | 1.9% | 5.2% |
| 大专 | 36.4% | 24.6% | 29.3% |
| 本科 | 17.6% | 30.2% | 18.3% |
| 硕士及以上 | 0.3% | 0.7% | 0.3% |

### 5.1.3　市场营销职业所在行业企业群分析

市场营销职业遍布各行各业，在调研中集中选取九大朝阳行业作为调研起点，最终确定 8 个重点行业，包括：快消品行业；耐消品行业；医药行业；IT 行业；汽车行业；金融行业；房地产行业；工业制造行业。

对快消行业的龙头企业代表——宝洁公司，耐消行业——西门子公司，医药行业——辉瑞公司、拜耳公司、强生公司、同仁堂公司，IT 领域——IBM 和用友集团，汽车行业——宝马公司，还有房地产行业——万科公司、中海地产，商业流通——沃尔玛公司、国美电器，电子商务领域——阿里巴巴公司进行调研，共调研了 35 个部门，221 个岗位。

调研显示，市场类、销售类和客户服务类三大类中的岗位和所设职位如表 5-3 所示。

**表 5－3　　　　　　重点行业在市场营销大类中的岗位职位分布**

| 专业类别 | 部门 | 行业 | 职位 |
|---|---|---|---|
| 市场类 | 策划 | 房地产 | 市场策划、行业策划经理、市场策划经理、企划专员 |
| | | 物流 | 行业策划、市场策划经理 |
| | | 医药 | 活动策划、策划经理 |
| | | 互联网电子商务 | 市场策划经理 |
| | | 耐消 | 策划经理 |
| | 产品 | 物流 | 产品经理、产品专员 |
| | | 医药 | 产品经理、产品专员 |
| | | 制造业 | 产品经理、产品专员 |
| | | 快消 | 产品经理、产品专员 |
| | | 耐消 | 产品经理 |
| | 大卖场 | 零售 | 超市经理、卖场规划师 |
| | 促销 | 零售 | 促销员、促销主管、导购员 |
| | 公关 | 物流 | 公关、公关经理 |
| | | 医药 | 公关、公关经理 |
| | | 快消 | 公关经理 |
| | | 耐消 | 公关经理 |
| | 广告管理 | 快消 | 广告管理经理 |
| | | 耐消 | 广告管理 |
| | | 物流 | 广告管理专员 |
| | 技术支持 | 互联网电子商务 | IT 技术支持 |
| | 媒介推广 | 房地产 | 媒介推广专员 |
| | | 互联网电子商务 | 媒介推广专员 |
| | | 零售 | 媒介推广专员 |
| | 品牌 | 汽车 | 品牌策划、品牌推广 |
| | | 物流 | 品牌推广 |
| | | 医药 | 品牌策划、品牌经理 |
| | | 房地产 | 品牌推广 |
| | 平面设计 | 房地产 | 平面设计师 |
| | | 零售 | 平面设计师 |
| | | 物流 | 平面设计师 |
| | 渠道管理 | 制造业 | 渠道经理 |
| | | 快消 | 渠道管理 |
| | | 零售 | 渠道管理 |
| | | 耐消 | 渠道管理 |
| | | 医药 | 渠道管理 |
| | 商务管理 | 快消 | 商务经理 |

续 表

| 专业类别 | 部门 | 行业 | 职位 |
|---|---|---|---|
| 市场类 | 市场调研 | 房地产 | 调研专员 |
| | | 物流 | 调研专员 |
| | | 医药 | 调研专员 |
| | | 互联网电子商务 | 调研专员 |
| | | 快消 | 调研专员 |
| | | 零售 | 调研专员、调研主管、调研经理 |
| | | 耐消 | 调研专员 |
| | 市场沟通 | 医药 | 市场沟通 |
| | 市场管理 | 互联网电子商务 | 市场经理、市场主管、市场总监 |
| | | 零售 | 市场助理 |
| | | 物流 | 市场总监 |
| | | 医药 | 市场总监 |
| | | 耐消 | 市场总监 |
| | | 快消 | 市场总监 |
| | | 零售 | 市场总监 |
| | | 房地产 | 市场总监 |
| | 市场通路 | 耐消 | 市场通路经理 |
| | 市场推广 | 房地产 | 市场推广 |
| | | 医药 | 市场推广 |
| | | 制造业 | 市场推广 |
| | | 互联网电子商务 | 市场推广 |
| | | 耐消 | 市场推广 |
| | | 快消 | 市场推广 |
| | | 物流 | 市场推广 |
| | 团购 | 零售 | 团购员、团购主管、团购经理 |
| | 外销 | 耐消 | 外销员、外销经理 |
| 销售类 | 大卖场 | 零售 | 销售经理、店长助理 |
| | 分销管理 | 快消 | 分销管理 |
| | 客户 | 房地产 | KA大客户销售经理 |
| | 快递 | 零售 | 快递员、快递业务主管 |
| | 区域销售 | 快消 | 区域销售经理 |
| | | 物流 | 区域销售经理 |
| | | 医药 | 区域销售经理 |
| | | 制造业 | 区域销售经理 |
| | | 耐消 | 区域销售经理 |
| | | 互联网电子商务 | 区域销售经理 |

续 表

| 专业类别 | 部门 | 行业 | 职位 |
|---|---|---|---|
| 销售类 | 渠道管理 | 快消 | 渠道管理、渠道经理、渠道销售经理 |
| | | 物流 | 渠道管理 |
| | | 医药 | 渠道管理 |
| | | 制造业 | 渠道管理 |
| | | 互联网电子商务 | 渠道管理 |
| | 售后服务 | 快消 | 售后服务、售后服务主管 |
| | | 汽车 | 售后服务、售后服务主管 |
| | 售前技术支持 | 快消 | 售前技术支持 |
| | | 医药 | 售前技术支持 |
| | | 制造业 | 售前技术支持 |
| | | 互联网电子商务 | 售前技术支持 |
| | 销售 | 房地产 | 销售代表、销售内勤、销售培训专员、销售统计员、销售主管、销售总监 |
| | | 快消 | 销售代表、销售内勤、销售总监 |
| | | 汽车 | 销售代表 |
| | | 物流 | 销售代表、销售内勤、销售总监 |
| | | 医药 | 销售代表、销售总监 |
| | | 制造业 | 销售代表、销售内勤、销售总监 |
| | | 耐消 | 销售代表、销售总监 |
| | | 互联网电子商务 | 销售经理、销售内勤、销售培训专员、销售统计员、销售主管、销售总监 |
| | | 物流 | 销售经理、销售内勤 |
| | | 零售 | 销售经理、销售培训专业、销售统计员、销售总监 |
| | 业务 | 快消 | 业务代表、业务发展经理 |
| | | 耐消 | 业务发展经理 |
| | | 制造业 | 业务拓展经理 |
| | 营销 | 制造业 | 营销经理 |
| | | 耐消 | 营销经理、营销总监 |
| | 店长 | 零售 | 直营店店长 |
| | | 耐消 | 直营店店长、专卖店店长 |

调研结果显示如下。

从职位的行业分布来看，几乎所有行业企业都有销售类，但是其销售的内涵有很大不同，主要表现为销售模式和典型工作任务具有很大的差别，有门店销售、产品销售、项目销售等，分别针对商业流通、快消、耐消、工业、医疗、房地产、IT、工程设备。典型销售模式可以归类为项目销售、门店销售、快消品销售和网络营销。

①项目销售。其重点在于复杂项目需求/决策流程/关键决策人的分析与掌控。如大型设备、IT、工业品、医疗工程项目等。这类职业岗位集群一般为B2B行业领域范围，包括工业、IT等，也可能来自其他行业，比如B2C行业，如果项目成规模、成批量向某一个复杂的机构销售，就变成了B2B的项目销售。

②门店销售。其重点在于市场品牌认知度、面对面的快速成交技巧及部分渠道管理。这类职业岗位集群一般为B2C行业领域范围，如家电、家具、房子、汽车门店销售等。

③快消品销售。其重点在于品牌战略、营销策略、区域布局、渠道管理及专卖店、卖场、货架货位管理。这类职业岗位集群一般为B2C行业领域范围，如白酒、日用品等。

④网络营销。其重点在于网民需求行为、网站设计、网络吸引力、网络广告以及营销设计。这类职业岗位集群既有B2B，也包括B2C行业领域范围。

重点行业中的龙头企业市场类、销售类职业岗位人才学历需求情况如表5-4所示。

**表5-4　市场营销类职业岗位学历要求统计**

| 学历<br>行业 | 初中 | 中专 | 专科 | | 本科及以上 | |
|---|---|---|---|---|---|---|
| | | | 市场类 | 销售类 | 市场类 | 销售类 |
| 房地产 | | 销售内勤 | 市场调研专员、媒介推广专员 | 销售代表、销售统计员 | 市场策划、市场推广、策划经理、品牌推广、企划专员、市场平面设计师、市场总监 | 销售总监、KA大客户销售经理、销售管理主管 |
| 零售 | 快递员 | 促销员、导购 | 店长助理、媒介推广专员、渠道经理、市场助理、直营店长 | 促销主管、团购员、团购主管、销售统计员 | 产品专员、超市经理、卖场规划师、市场调研经理、市场调研主管、市场调研专员、市场平面设计师、市场总监、团购经理、招商经理 | 大卖场促销经理、销售培训专员、销售经理、销售总监 |
| 医药 | | | 活动策划、区域经理、策划经理 | 销售代表、销售总监 | 活动策划、产品经理、产品专员、公关、品牌策划、市场调研、市场沟通、市场推广、市场总监、渠道管理、售前支持 | 区域销售经理、销售总监 |

续 表

| 行业＼学历 | 初中 | 中专 | 专科 | | 本科及以上 | |
|---|---|---|---|---|---|---|
| | | | 市场类 | 销售类 | 市场类 | 销售类 |
| 互联网（电子商务） | | 销售内勤 | 广告管理、媒介推广专员、渠道管理 | KA销售代表、电话销售代表、销售统计员 | IT技术支持、产品专员、市场策划经理、市场调研专员、市场经理、市场推广、市场主管、市场总监、招投标经理 | 区域销售经理、售前技术支持、销售管理、销售培训专员、销售主管、销售总监 |
| 耐用消费品 | | | 公关经理、广告管理、投标管理、直营店长、专卖店长 | 销售代表、营销经理、营销总监 | 策划经理、产品经理、渠道管理、市场调研专员、市场通路经理、市场推广、市场总监、业务发展经理 | 区域销售经理、外销员、销售总监、营销管理总经理 |
| 快速消费品 | 营业员 | | 渠道经理、KA业务代表、广告管理经理 | 销售代表、销售内勤、销售总监、区域销售经理 | 分校管理、区域经理、渠道管理、业务发展经理、产品经理、产品专员、公关经理、渠道管理、商务经理、市场调研专员、市场推广、市场总监、项目经理 | 售后主管、售前支持、售后服务、售前技术支持、销售经理、销售总监 |
| 物流 | | | 广告管理专员 | 销售内勤、销售代表、销售总监 | 策划、产品专员、公关、市场调研、渠道管理、产品经理、产品专员、公关经理、渠道管理、市场策划经理、平面设计师、市场推广、市场总监、外销招投标总管、活动策划、品牌经理 | 区域销售经理、销售代表、销售总监、KA大客户销售经理、销售管理经理、销售总监、售前技术支持 |
| 制造业 | | | 产品专员 | 销售经理、销售代表、销售内勤、营销经理 | 产品经理、渠道经理、市场推广、市场总监、业务拓展经理 | 区域销售经理、售前支持、销售总监 |
| 汽车 | | | 销售代表 | | 品牌策划、品牌推广 | 售后服务、大宗销售代表 |

零售、快消、耐消行业对专科生需求较大，同时职业岗位对人才要求具有可向下移动的特点，主要岗位集中在营业员、内勤、助理和销售员；市场类主要对本科生需求较大，职业岗位对人才要求具有向上移动的特点，在人事、财务市场洞察和市场规划方面要求较高；销售类岗位在学历要求上并不十分严格，较其他两类也偏低，有些基础级别甚至没有学历要求，销售类岗位分布在几乎所有行业，岗位广，

岗位的级别层次较分明，岗位工作分工明确细致；另外，有38.4%的职位学历不限。不限学历的职位对任职者以往从业平台、职业背景、实战经验和职业素质往往有较多要求。

### 5.1.4 市场营销职业标准分析

对《中华人民共和国职业分类大典》进行研究。在职业分类的8大类，66中类，413小类，1838细类中的第2类专业技术人员的206，207代码和第4类商业服务业人员中的407代码里，共有近30个市场营销职业细类。

1. 职业描述

《中华人民共和国职业分类大典》市场营销职业有三大类。

（1）营销工程技术人员

管理（工业）工程技术人员大类中的第2—02—34—06小类。

营销工程技术人员是指从事市场分析与开发研究，为企业生产经营决策提供咨询，并进行产品宣传促销的工程技术人员。

从事的工作主要包括：①进行市场调研，收集市场信息，分析市场动态；②根据消费者需求变化，提出开发新产品的计划；③根据市场变化，提出产品定价和调整建议；④参与企业营销战略的制定，策划产品销售、促销方案并组织实施；⑤设计并实施用户服务系统，组织开展售后服务活动。

（2）营业人员

营业人员指从事商品销售、服务销售和提供相关服务的人员。

从事的工作主要包括：①陈列商品；②组装、调试商品；③为顾客展示、演示商品；④维护、保养商品及相关设备、工具；⑤计量、包装商品；⑥开票、收款；⑦给付商品或为顾客提供咨询服务。

包括营业员、推销、展销人员等。

（3）各行业中与市场营销相关的职业

例如，集邮业务员，其所从事的工作中就包括销售集邮票品和办理新邮预订业务；医药商品购销员、调酒师、服装设计人员等职业的内容也都包括销售、开拓市场及客户服务。

2. 职业分布

据统计，中国现有工商企业1300多万家，部分大中型企业设有营销部或市场部。从行业来看，市场营销工作者主要集中在消费型企业和咨询公司，如联想、海尔、TCL等。从地域来看，市场营销从业者主要集中在大中型城市，特别是京津冀、长江三角洲和珠江三角洲等经济发达地区。这些从业者大多具有大专以上文凭，所学专业主要集中于市场营销、工商管理、广告设计和新闻传播等。

3. 职业资格

课题组还研究了人力资源和社会保障部制定颁发的《国家职业标准》，它的原型是英国 NVQ 体系，分 5 级职业标准，5 级是最低级别，1 级最高，共 2010 个职业，600 余国家职业标准，200 余个考试鉴定项目，有 1 个营销师职业标准（含推销员职业标准）和 1 个客户服务管理师职业标准。课题组在研究过程中，还统计归类了 1 个市场调研师资格，其考试组织和管理归属国家统计局所属的统计培训学院，此外，还有一些行业协会的营销类证书，对此也进行了分析和归类。

通过统计，目前国内与市场营销职业相关的职业资格如下。

（1）营销师职业标准（含推销员职业标准）

按照人力资源和社会保障部《国家职业标准》划分，营销师职业资格共设 5 个等级，分别为高级营销师（国家职业资格 1 级）、营销师（国家职业资格 2 级）、助理营销师（国家职业资格 3 级）、高级营销员（国家职业资格 4 级）、营销员（国家职业资格 5 级）。

（2）客户服务管理师职业标准

本职业共设 3 个等级，分别为职业资格证书三级客户服务管理师（国家职业资格 3 级）、二级客户服务管理师（国家职业资格 2 级）、一级客户服务管理师（国家职业资格 1 级）。

（3）市场调研师资格

考试由国家统计局所属的统计培训学院举行。

此外，还有一些行业协会的营销类证书。

### 5.1.5　市场营销职业国际有关标准分析

本研究对市场营销职业岗位国际职业标准进行了搜集和分析，这些工作主要是从 FESCO 北京多柏管理咨询有限公司等对跨国公司的市场营销职业岗位的分类入手的。

同时，对加拿大 CBE、澳大利亚 TAFE 的有关市场营销职业教育标准进行了搜集分析，归纳分析了国际职业分类资料和相关分类标准。例如，澳大利亚依据国家资格框架（Australia Qualification Framework，AQF）包括 12 级资格，形成了全国统一的教育与培训框架体系。其中，有关市场营销职业的分类及其对应的专业如表 5－5 所示。

表 5-5　　澳大利亚 TAFE 体系市场营销职业分类对应各级资格培训

| Ⅵ级 | Advanced Diploma<br>高级文凭 | Marketing<br>营销 | Advertising<br>广告 | Customer Contact<br>客户接洽 |
|---|---|---|---|---|
| Ⅴ级 | Diploma<br>文凭 | Marketing<br>营销 | Purchasing<br>采购 | Customer Contact<br>客户接洽 |
| Ⅳ级 | Certificate<br>证书 | Marketing<br>营销 | Sales<br>销售 | Customer Contact<br>客户接洽 |
| Ⅲ级 | Certificate<br>证书 |  | Sales<br>销售 | Customer Contact<br>客户接洽 |
| Ⅱ级 | Certificate<br>证书 |  | Sales<br>销售 | Customer Contact<br>客户接洽 |
| Ⅰ级 | Certificate<br>证书 | Business<br>小企业经营 |  |  |

由表 5-5 中内容可以得出，市场营销职业大类以销售、客户接洽、营销三大类为主，对应市场大类人才需求，在Ⅰ级只设置小企业经营，未进行细分；在Ⅱ～Ⅲ级设置了客服类和销售类；Ⅳ～Ⅵ级三大类均有设置。这个框架与项目团队对市场营销职业大类先前的四大方面调研结果比较吻合，为市场营销职业分类以及职业教育分类提供了依据。

## 5.2　市场营销职业分级

调研样本来自重点行业和企业部门，选择 4～5 个行业，每个行业 1～2 家标杆性行业，覆盖大中小规模的企业，还包括猎头公司和服务外包公司调研。调研内容包括职业特性分析；销售技术流程（技术、工具、管理、资源配置、环境等）；胜任力分析；能力标准；培训实施；人才需求规格（准入标准等）。

调研方法包括重点对象访谈、设计调研问卷、网络调研，调研内容覆盖宏观和微观方面，包括胜任力、营销技术流程、人才规格要求等，其中对销售部门及人员的调研如表 5-6 所示。

**表 5-6 市场营销专业（销售方向）调研**

<table>
<tr><th>职业特性分析</th><th>调研内容</th></tr>
<tr><td>销售调研</td><td>
销售总监<br>
1. 本企业都有哪些销售模式？<br>
2. 根据这些销售模式，有哪些与市场营销相关的岗位设置？<br>
3. 这些岗位的任职资格标准是什么？<br>
4. 这些岗位的具体典型工作任务有哪些？<br>
5. 这些岗位是否有等级差别？<br>
6. 您如何评价这些岗位的可培训性？<br>
7. 这些关键工作任务是由哪些流程、动作组成的？<br>
8. 完成这些关键工作任务需要哪些知识、技能及方法？<br>
9. 这个岗位和其他岗位的相关性？具体指哪些关联性工作？<br>
10. 请描述一个具体的销售流程及所实施的方法和工具。<br>
11. 现场销售行为观察。<br>
12. 如何评价和考核销售人员的专业胜任能力？<br>
13. 完成该岗位工作有哪些情境？<br>
14. 平均销售周期、人均单产、单均单产、销售成功率是多少？预期是多少？影响这些指标的关键因素是什么？<br>
15. 客户关系维护和管理的主要方式、方法及流程。<br>
16. 本企业销售管理包括哪些领域？您对销售业务和销售人员进行哪些方面的管理和监测？<br>
17. 销售组织构建方法和原则。<br>
18. 销售流程的规划、销售的方法论。<br>
19. 如何做业绩预测及销售计划下达、分解？<br>
20. 销售业绩过程管理采用何种工具？<br>
21. 如何对各种销售数据进行分析？分析方法及工具是什么？<br>
22. 目前您对于销售团队管理的困惑是什么？有哪些管理内容、方法及获得何种结果？<br>
23. 市场规划是什么？如何进行市场规划？<br>
24. 目标客户群是什么？如何定位？<br>
<br>
HR<br>
1. 本企业对人力资源模型的认识。<br>
2. 现代销售人员素质能力要求。<br>
3. 企业人员入口渠道及标准、入口测评方法。<br>
4. 您对目前新入职员工的评价如何？哪些方面超出预期？哪些方面不大符合企业要求？
</td></tr>
</table>

续 表

| 职业特性分析 | 调研内容 |
| --- | --- |
| 销售调研 | 5. 培训周期多长？<br>6. 通用素质及专业素质分别适合什么样的培养方法？不同方法效果如何？<br>7. 通用素质及专业素质在销售人员培养培训中的比重大概是多少？投入资源如时间、精力、经费等的情况如何？<br>8. 人员培养培训的组织方法、经验、教训如何？您认为哪些方法更为有效？<br>9. 培训课程及课件来源？师资来源？瓶颈？<br>10. 培训培养方法的评估？评价标准、手段、结果等。<br>11. 本企业销售人员的绩效设计？<br><br>**销售人员**<br>1. 您认为做好销售需要哪些素质及条件？哪些比较重要？<br>2. 做成一单需要多久？<br>3. 成长周期多久？<br>4. 需要哪些资源支持、培训、辅导？<br>5. 您认为公司解决您在公司中遇到的问题了吗？<br>6. 您认为销售中一共有几个阶段？哪些阶段比较重要？<br>7. 您认为怎样培养客户？<br>8. 您觉得自己的核心能力是什么？<br>9. 您在客户挖掘中有哪些技巧？<br>10. 您认为影响成交的关键因素是什么？<br>11. 您觉得自己的人际关系、迎合能力、谈判技巧怎么样？<br>12. 销售中压力大的情况怎么克服的？<br>13. 您对公司培训效果满意吗？哪些地方需要改进？<br>14. 如何管理自己的时间和工作任务？<br>15. 你是学什么专业的？你的销售技能是如何练成的？<br>16. 你觉得什么是销售？你喜欢你的工作吗？<br>17. 你认为价值观、欲望对你的职业有何影响？<br>18. 你愿意回到学校继续学习市场营销相关专业知识吗？ |

调研问卷如下所示。

市场营销专业职业教育分级制项目——

## 销售人员的工作分析调查问卷

**说明：**

◆此问卷的调研对象是销售经理、区域经理、销售代表、销售助理等销售类人员。

◆此问卷仅供市场营销专业分级制项目组使用，您所提供的数据仅用于科学研究，有关资料绝对保密。

衷心感谢您对我们工作的支持！

### 基本信息

1. 您的性别：□男　□女
2. 您的年龄：□25 岁以下　□25～35 岁　□35～45 岁　□45 岁以上
3. 您的学历：□初中　□高中　□中专　□大专　□本科　□硕士及以上
4. 您所学的专业：□营销类专业　□管理类专业　□经济类专业　□其他类专业，请注明（　　）
5. 您从事销售工作：□3 年以内　□3～5 年　□5～10 年　□10～15 年　□15 年以上
6. 您所在的岗位名称：______________________
7. 您目前销售的产品名称：______________________

### 工作任务

请按照以下所描述的工作任务对您的重要性打分（最重要的为 7 分，最不重要的为 1 分），将所选数字框涂黑即可。

最重要——→最不重要

| | | | | | | | |
|---|---|---|---|---|---|---|---|
| 1. 和客户保持联系 | 7 | 6 | 5 | 4 | 3 | 2 | 1 |
| 2. 详细介绍产品的能力 | 7 | 6 | 5 | 4 | 3 | 2 | 1 |
| 3. 送货 | 7 | 6 | 5 | 4 | 3 | 2 | 1 |
| 4. 参加在职培训 | 7 | 6 | 5 | 4 | 3 | 2 | 1 |
| 5. 把客户反映的质量问题反馈给有关部门 | 7 | 6 | 5 | 4 | 3 | 2 | 1 |
| 6. 每天拜访预约的客户 | 7 | 6 | 5 | 4 | 3 | 2 | 1 |
| 7. 在各种场合推销本企业产品 | 7 | 6 | 5 | 4 | 3 | 2 | 1 |

| | | | | | | | |
|---|---|---|---|---|---|---|---|
| 8. 向经理汇报工作 | 7 | 6 | 5 | 4 | 3 | 2 | 1 |
| 9. 每天总结自己的工作 | 7 | 6 | 5 | 4 | 3 | 2 | 1 |
| 10. 和同事保持良好关系 | 7 | 6 | 5 | 4 | 3 | 2 | 1 |
| 11. 应收账款催缴 | 7 | 6 | 5 | 4 | 3 | 2 | 1 |
| 12. 大客户管理 | 7 | 6 | 5 | 4 | 3 | 2 | 1 |
| 13. 控制销售费用 | 7 | 6 | 5 | 4 | 3 | 2 | 1 |
| 14. 确定销售指标 | 7 | 6 | 5 | 4 | 3 | 2 | 1 |
| 15. 与其他部门保持良好的工作关系 | 7 | 6 | 5 | 4 | 3 | 2 | 1 |
| 16. 对下属的绩效进行全面评估 | 7 | 6 | 5 | 4 | 3 | 2 | 1 |
| 17. 指导、培训下属 | 7 | 6 | 5 | 4 | 3 | 2 | 1 |

你认为其他工作任务还有：

______________________________________________

______________________________________________

**任职资格要求**

1. 您认为您目前所从事的工作对学历的要求是：

□不需要学历

□应该有学历要求，至少应有________________学历

2. 为了顺利履行您所从事的工作，您认为需要具备哪些方面的其他工作经历？多少年？

□不需要其他方面的工作经历或经验

□需要其他方面的工作经历

工作经历 1：__本行业从业经历__，年限：__________年

工作经历 2：__本公司工作经历__，年限：__________年

工作经历 3：__________________，年限：__________年

3. 为了顺利履行您所从事的工作，您认为需要具备哪些方面的知识及熟练程度？

| 所需的知识 | 重要程度 | | | | |
|---|---|---|---|---|---|
| | 完全不重要 | 不太重要 | 一般 | 重要 | 非常重要 |
| 计算机应用方面的知识 | 1 | 2 | 3 | 4 | 5 |
| 外语知识及其应用 | 1 | 2 | 3 | 4 | 5 |
| 有关法律法规方面的知识 | 1 | 2 | 3 | 4 | 5 |
| 销售技巧方面的知识 | 1 | 2 | 3 | 4 | 5 |
| 企业管理方面的知识 | 1 | 2 | 3 | 4 | 5 |
| 自我管理方面的知识 | 1 | 2 | 3 | 4 | 5 |
| 营销理论方面的知识 | 1 | 2 | 3 | 4 | 5 |
| 渠道管理方面的知识 | 1 | 2 | 3 | 4 | 5 |
| 产品定价方面的知识 | 1 | 2 | 3 | 4 | 5 |
| 行业的发展趋势 | 1 | 2 | 3 | 4 | 5 |
| 产品知识 | 1 | 2 | 3 | 4 | 5 |

4. 请对下述完成工作所需要的能力和素质按重要程度打分。

| | 最重要—— | | | | ——►最不重要 |
|---|---|---|---|---|---|
| 1. 工作主动性 | 5 | 4 | 3 | 2 | 1 |
| 2. 市场的敏感性 | 5 | 4 | 3 | 2 | 1 |
| 3. 心理承受能力 | 5 | 4 | 3 | 2 | 1 |
| 4. 形象与亲和力 | 5 | 4 | 3 | 2 | 1 |
| 5. 执着精神 | 5 | 4 | 3 | 2 | 1 |
| 6. 团队合作 | 5 | 4 | 3 | 2 | 1 |
| 7. 人际交往能力 | 5 | 4 | 3 | 2 | 1 |
| 8. 说服能力 | 5 | 4 | 3 | 2 | 1 |
| 9. 口头表达能力 | 5 | 4 | 3 | 2 | 1 |
| 10. 倾听 | 5 | 4 | 3 | 2 | 1 |
| 11. 书面表达能力 | 5 | 4 | 3 | 2 | 1 |
| 12. 创新能力 | 5 | 4 | 3 | 2 | 1 |
| 13. 解决问题的能力 | 5 | 4 | 3 | 2 | 1 |
| 14. 后果判断 | 5 | 4 | 3 | 2 | 1 |

| | | | | | |
|---|---|---|---|---|---|
| 15. 工作准确细致 | 5 | 4 | 3 | 2 | 1 |
| 16. 效率 | 5 | 4 | 3 | 2 | 1 |
| 17. 计划能力 | 5 | 4 | 3 | 2 | 1 |
| 18. 组织能力 | 5 | 4 | 3 | 2 | 1 |
| 19. 进取心 | 5 | 4 | 3 | 2 | 1 |
| 20. 自信 | 5 | 4 | 3 | 2 | 1 |
| 21. 灵活性 | 5 | 4 | 3 | 2 | 1 |
| 22. 自我发展倾向 | 5 | 4 | 3 | 2 | 1 |
| 23. 理解客户需求 | 5 | 4 | 3 | 2 | 1 |
| 24. 客户管理能力 | 5 | 4 | 3 | 2 | 1 |
| 25. 谈判能力 | 5 | 4 | 3 | 2 | 1 |
| 26. 区域管理能力 | 5 | 4 | 3 | 2 | 1 |
| 27. 乐于交往 | 5 | 4 | 3 | 2 | 1 |
| 28. 风险意识 | 5 | 4 | 3 | 2 | 1 |
| 29. 决策能力 | 5 | 4 | 3 | 2 | 1 |
| 30. 战略规划能力 | 5 | 4 | 3 | 2 | 1 |
| 31. 帮助下属的发展 | 5 | 4 | 3 | 2 | 1 |
| 32. 解决冲突的能力 | 5 | 4 | 3 | 2 | 1 |

您认为所需要的能力还有：

______________________________________________

______________________________________________

## 自我认知与评价

1. 您认为自己在过去的 3 年内总体工作业绩表现如何？

□需要改进（含义：几乎每个月的销售额都低于岗位要求。）

□一般（含义：几乎每个月的销售额都与岗位要求相差不大。）

□良好（含义：有的月份销售额在岗位要求之上，有的月份刚好符合，偶尔低于岗位要求。）

□优秀（含义：几乎每个月的销售额都在岗位要求之上，偶尔刚好符合或低于岗位要求。）

□杰出（含义：每个月的销售额都在岗位要求之上，且远远高于岗位要求。）

2. 您认为过去 3 年内影响或决定您的业绩的关键因素是：

□销售技巧　　　　　　　　（选此项，请跳转第 3 题）

□喜欢销售工作　　　　　　（选此项，请跳转第 4 题）

□不喜欢销售工作　　　　　（选此项，请跳转第 5 题）

□公司的福利政策　　　　　（选此项，请跳转第 6 题）

□勤奋与执着　　　　　　　（选此项，请跳转第 6 题）

□其他__________　　　　　（选此项，请跳转第 6 题）

3. 您认为您在销售工作中有哪些销售技巧特别重要?

______________________________________________________________

4. 你喜欢销售的主要原因有：（多选题）

□挣钱多　□能学到很多东西　□我喜欢挑战，销售工作具有挑战性

□我性格外向，喜欢跟人打交道　□做业务能有很好的升迁机会

□能积累人脉，希望将来对自己创业有利

□其他________________

5. 你不喜欢销售的主要原因有：（多选题）

□太辛苦　□性格不适合　□压力太大

6. 请将下列内容按对您的重要性进行排序，最重要在相应位置写 1，次重要写 2……

□稳定的工作

□获得上级的信任和重用

□富裕的生活

□职位的晋升

□常和家人待在一起

□同事关系融洽和谐

□遵守职业道德

□节省公司资源

□其他，请注明（　　）

7. 请用形容词或短语尽可能全面地描述你的个人特点或优势。

______________________________________________________________

### 5.2.1 销售职位划分及要求

通过对行业企业调研，分析市场营销重点职位的素质能力要求，表 5－7 是对销售系统代表性职位的描述。

表 5－7 销售类代表性职位描述

| 职位 | 职责 | 衡量指标 | 素质要求 |
| --- | --- | --- | --- |
| 营销副总裁 | 负责销售与市场营销的整体运作；<br>制订销售与市场营销战略；<br>制订销售与市场营销整体年度业务发展计划；<br>发展销售与市场营销的管理系统；<br>发展销售与市场营销的组织能力；<br>领导销售与市场营销的重要管理项目；<br>部署销售与市场营销的资源使用；<br>为各部门总监制订个人业务与发展计划；<br>管理销售与市场营销总体预算；<br>担当企业公关角色 | 销售额；<br>年度利润指标；<br>整体市场费用控制目标；<br>组织能力相关指标（骨干人员流失率等） | 卓越的领导才能和沟通技能；<br>很强的逻辑思维能力，善于分析和解决问题；<br>具有很强的组织管理和发展能力 |
| 销售总监 | 负责制订渠道战略；<br>负责制定销售政策；<br>制订年度销售业务发展计划和目标；<br>部署渠道战略、业务发展计划和目标；<br>负责全国市场的零售覆盖执行；<br>代表销售部在公司核心管理层提交销售和渠道发展建议，并获得其他部门的支持；<br>确保销售部获得有效资源，部署资源使用；<br>保持与最重要客户的高层沟通；<br>负责全国渠道促销的计划与执行；<br>协调并解决跨部门的重大问题或冲突；<br>负责管理销售部门组织；<br>招聘部门管理人员，制订部门人员计划和发展计划；<br>负责直接下属的个人工作和发展计划并监督实施，提供相应的培训、工作指导和反馈 | 销售额；<br>零售覆盖网络；<br>销售基本指标；<br>销售支持费用与行政费用控制；<br>销售组织能力指标 | 卓越的领导力和解决跨部门的重大问题的能力；<br>显示出很强的主动性；<br>很强的沟通能力（口头和书面形式），具有很强的说服力；<br>具有很强的组织管理和发展能力 |

续　表

| 职位 | 职责 | 衡量指标 | 素质要求 |
| --- | --- | --- | --- |
| 区域销售经理 | 制订区域内的业务发展计划；<br>负责实现区域的销售目标；<br>负责区域的应收账款；<br>管理区域的零售覆盖执行；<br>负责区域的零售终端表现总体；<br>管理区域的经销商网络发展；<br>执行区域内渠道推广活动；<br>执行区域的新产品推广；<br>管理区域内的渠道促销执行；<br>负责区域内的预算与费用控制；<br>管理区域的销售组织；<br>为直接下属制订工作计划与个人发展计划并执行、定期回顾；<br>汇报区域内的业务发展水平与竞争对手信息 | 销售额；<br>零售覆盖网络；<br>零售基本表现；<br>费用控制；<br>组织能力指标 | 个人品德；<br>出色的主动性；<br>较强的解决问题的能力；<br>良好的沟通能力与人际关系成立能力 |
| 销售主管 | 制订月度工作计划，零售覆盖计划；<br>负责实现销售目标；<br>负责应收账款；<br>管理零售覆盖执行；<br>负责零售终端总体表现；<br>执行渠道推广活动；<br>执行新产品推广；<br>管理渠道促销执行；<br>负责预算与费用控制；<br>管理销售代表与促销员队伍；<br>汇报区域内的业务发展水平与竞争对手信息 | 销售额；<br>零售基本表现；<br>费用控制；<br>应收账（坏账比例）；<br>组织能力指标 | 良好的工作主动性；<br>良好的人际沟通能力；<br>良好的职业道德；<br>能适应长期出差的工作环境 |
| 销售代表 | 制订零售覆盖计划；<br>负责实现销售目标；<br>负责应收账款；<br>管理零售覆盖执行；<br>负责零售终端总体表现；<br>执行新产品推广；<br>管理渠道促销执行；<br>负责预算与费用控制；<br>汇报区域内的业务发展水平与竞争对手信息 | 销售额；<br>零售基本表现；<br>费用控制；<br>应收账（坏账比例）；<br>组织能力指标 | 良好的工作主动性；<br>良好的与人沟通能力；<br>良好的职业道德；<br>能适应长期出差的工作环境 |

### 5.2.2 市场营销各级岗位胜任力分析

国际权威人力资源公司对企业重点职业岗位胜任力进行调研，于2008年编写了《企业岗位素质词典》(以下简称《素质词典》)，其中，重点岗位中包括销售类人员胜任力和市场推广类人员胜任力模型及等级，《素质词典》描述了销售人员和市场推广人员不同岗位级别对胜任力的要求是不同的，虽然其调研时间较早，胜任力描述在级别、业务能力及测量显示较弱，但其分级特征得以体现。

1. 销售类人员胜任力

将销售类人员的素质能力定义为思维能力、管理能力、专业素质和个人特质，据此分解形成7个细化能力，每个细化能力分为5个行为分级，构成销售类人员的胜任力层次，销售类人员各级胜任力描述如表5-8所示。

(1) 影响能力

影响能力是指运用数据、事实等直接影响手段，或通过人际关系、个人魅力等间接策略来影响客户，使其接受产品推荐并可能产生购买行为的能力。

关键点：采取各种手段说服客户接受产品推荐并购买。

(2) 成就动机

成就动机指个人有强烈的追求工作成功的愿望，不断设定挑战性的目标来挑战自我，关注自身职业生涯的发展，追求事业的成功和卓越。

关键点：有事业心，设定高标准的自我挑战目标，与他人竞争，工作精益求精。

(3) 坚持不懈

坚持不懈指个人坚定不移地沿着既定的目标前进并持续关注目标，即使遭到拒绝和失败，也能克服外部和自身的困难，坚持实现目标。

关键点：在遇到困难时不放弃，能尝试多种方法去克服困难。

(4) 客户导向

客户导向指能够关注客户和客户不断变化的需求，竭尽全力帮助和服务客户，为客户创造价值。

关键点：关注客户需求，尽力解答客户问题，全心全意为客户服务。

(5) 人际交往

人际交往能力指与客户建立或维持友善、和谐关系的能力。

关键点：与客户建立和维持关系的意识和亲密程度。

(6) 自信心

自信心指相信自己有能力或采用某种有效手段能完成工作任务、处理困难情境或解决问题的信念。

关键点：相信自己的能力和判断，敢于挑战冲突，坚持己见。

（7）分析式思维

分析式思维能力指通过把整体分解为部分来认识事物的能力，即对面临的问题和情况进行前因后果的逐步推进式分析的能力。

关键点：将问题整体分解为部分，进行因果关系分析、重要性排序、方案判断和选择。

表 5－8　　销售类人员各级胜任力描述

| | 素质能力 | 分解能力 | 胜任等级 1级 | 2级 | 3级 | 4级 | 5级 |
|---|---|---|---|---|---|---|---|
| 销售类人员 | 思维能力 | 分析思维 | 分解问题：<br>·能够分解客户提出的问题，具体包括哪些要求 | 简单解释：<br>·通过思考，能够对客户的某种疑问进行合理的解释 | 多方考虑：<br>·能从多个方面对客户提出的问题进行不同的解释，或推测出客户可能提出的其他问题 | 全面判断：<br>·能够思考给予客户不同的解释，并根据客户的偏好尽心推理，选择最恰当的一种方式解决客户的疑问 | 未雨绸缪：<br>·能够准确地预测到对客户推荐产品时可能遇到的障碍，提前做好应对措施<br>·基于事先想好的沟通方案，面临客户的问题权衡利弊，做出应对选择 |
| | 管理能力 | 影响能力 | 直接说服：<br>·采用单一、直接的方法或论据(如摆事实、讲道理等)说服客户进行购买，通常强调产品本身的优势 | 简单多元法：<br>·采用两种以上的方法，或准备多种论据对客户进行说服，但仍然没有表现出针对客户的特点进行产品推荐 | 对症下药：<br>·善于换位思考，能够根据客户的兴趣点和关注点(如爱好、利益、顾虑等)，通过满足其要求来显示对客户的重视和理解，从而获得客户的持续信任<br>·预先考虑到不同客户的可能反应，提前做出应对预案 | 巧借力法：<br>·寻找支持自己观点并能对客户真正产生影响的人物，使用连环套的方式对客户施加影响，如借助专家说法，游说客户中的关键决策人物，利用人际关系网络进行间接影响等 | 利益联盟：<br>·能够根据销售当场的情况设计复杂的影响策略，与关键人物结成利益联盟，通过私下沟通获取对方的支持，共同对客户施加影响 |
| | 专业素质 | 客户导向 | 及时回应：<br>·耐心倾听客户的咨询、要求、甚至抱怨，并做出及时的回应，能够解决客户提出的常规性问题 | 保持沟通：<br>·与客户保持沟通，当客户需要帮助的时候可以随时取得联系，关注客户的满意度，提供对客户有帮助的信息 | 个性化服务：<br>·花费时间了解客户的需求，为客户提供个性化的产品和服务<br>·担当起顾问的职责，针对客户的需求、经济能力推荐适合他们的高性价比产品，积级参与帮助客户进行决策 | 挖掘潜在需求：<br>·关注和了解客户的潜在需求，提出符合客户需求的产品开发或服务建议 | 重视长远利益：<br>·为客户寻找长期利益，能够采取具体的措施为客户提供增值服务，并借此成功取信于客户 |
| | 个人特质 | 成就导向 | 表达意愿：<br>·表现出把工作做好的愿望，对浪费时间和低效率的工作感到不满和沮丧(例如，抱怨浪费时间、资源等) | 符合标准：<br>·工作努力，表现符合公司制定的销售管理标准 | 制定标准：<br>·有不服输的信念，不自甘落后或承认失败<br>·主动为自己制订短期的销售目标，明确衡量自己进步的具体标准(如自己要把业绩做到前五名或者像某个销售冠军那样) | 改善绩效：<br>·积极有效地安排和利用时间<br>·根据自己所制定的进步标准，对现有的工作方式加以改进，以提高销售业绩 | 挑战目标：<br>·对工作拥有疯狂的热爱，享受销售成功后带给自己的快乐、自豪感和满足感<br>·为自己制订具有挑战性的销售目标，并采用科学的方法，理智地分析完成目标的可能风险因素，进而实施具体行动去逐步实现("挑战性"是指尽了很大的努力后，成功的可能性为80%左右的目标) |
| | | 自信心 | 显示自信：<br>·以有信心、强有力的给他人留下深刻印象的方式呈现自己 | 充满自信：<br>·对自己的能力有信心，在同级别的同事或朋友群中，认为自己工作能力比别人强<br>·对公司的产品有信心，能够向客户清楚地介绍公司的产品，证明自己的推荐和观点有道理 | 敢于挑战：<br>·喜欢具有挑战性的工作，对各种挑战充满信心，积级要求承担新的任务<br>·面对拒绝和失败不放弃，不懈怠，以积极乐观的态度面对 | 总结教训：<br>·能够仔细思考，总结工作失败的教训，并做出改进计划 | 无所畏惧：<br>·坚信自己的观点和意见是正确的，不害怕与上级主管或客户发生冲突<br>·主动争取极具挑战性的任务和工作 |
| | | 坚持不懈 | 信念坚定：<br>·在遭到客户拒绝时，能够抑制自己的消极想法，不气馁 | 行为坚定：<br>·表现出较好的耐力，为了达到自己的工作目标，能够持续不懈地努力工作 | 克服困难：<br>·遭到客户拒绝或销售失败时能够意识到并正确对待自己的不足，从错误中吸取教训，坚持从头再来<br>·能够承受较大的销售目标压力，采取积极行动去实现 | 自我激励：<br>·面对困难时能够不断地自我激励，在工作上花费较长时间，不轻易放弃 | 意志顽强：<br>·越挫越勇，在屡战屡败的情况下依然不放弃尝试新的工作理念和方法，以完成任务或达成销售目标 |
| | | 人际交往 | 保持工作关系：<br>·与客户保持工作相关的接触，维持正式的工作关系 | 非正式接触：<br>·能敏感地把握客户的性格特点和利益需求，进而选择与之交流的方式<br>·偶尔在工作中开始以非正式的方式与客户交流 | 主动联络：<br>·在与客户接触的场合，能够主动调动客户的交流情绪，营造双方轻松交流的气氛<br>·积极创造与客户接触的机会，主动联络客户，利用非正式接触建立融洽关系 | 积极维护：<br>·经常在工作以外的时间继续与客户保持联络，如在节日等重要时刻表示心意<br>·利用客户间接的人脉关系，扩大自己的人际网络范围 | 深厚友谊：<br>·与客户建立长期稳定的亲密私人友谊，相互之间可以坦率地交流，谈论敏感问题和私事；客户在对与自己有重要关系的问题上，能够主动地通风报信<br>·利用与客户的私人友谊扩展业务网络 |

2. 市场推广类人员胜任力

《素质词典》将市场推广类人员的素质能力定义为思维能力和个人特质，据此分解形成6个细化能力，每个细化能力分为1～5个行为分级，构成市场推广类人员的胜任力层次，市场推广类人员各级胜任力描述如表5-9所示。

（1）信息收集

信息收集能力指根据工作的需要，不局限于眼前现有的资料，主动花费力气通过各种方法收集各类相关信息的能力。

关键点：在例行职责范围以外，主动广泛获取有用信息及发掘潜在市场机会的意识和能力。

（2）归纳思维

归纳思维能力指由部分结合形成整体来认识事物的能力，在面对复杂的问题或现象时，能够发现和掌握关键问题所在，或者是能够创造性地分析问题。

关键点：对信息进行分类、总结提炼并形成概念的能力。

（3）创新能力

创新能力指关注身边的新技术、新方法和新事物，挑战传统的工作方式，推陈出新，在服务、技术、产品和管理等方面追求卓越，进行突破性创新的行为特征。

关键点：提出实用的新思路并运用到市场推广工作中，敢于尝试、创造新概念，挑战原有的假设或做法。

（4）沟通能力

沟通能力指针对一定的受众对象，通过倾听、清晰表达自己的意见，公开进行反馈，与他人进行信息传递的能力。

关键点：有与他人沟通的愿望，善于倾听，理解他人的观点，并能向他人清楚地表达自己的观点。

（5）积极主动

积极主动指在工作中自觉地付出超乎工作预期和原有需要层级的努力，在没有他人鼓励的情况下善于发现和创造新的机会，提前预计到事情可能的障碍，并有计划地采取行动避免问题的发生，提高工作绩效的能力。

关键点：及时处理正在面临的问题，为迎接将来可能出现的机会或问题提前采取行动。

（6）人际交往

人际交往能力指与可能有助于完成工作相关目标的人建立或维持友善、和谐关系的能力。

关键点：与工作相关目标人物建立关系的意识和亲密程度。

表 5－9　**市场推广类人员各级胜任力描述**

| | 素质能力 | 分解能力 | 胜任等级 | | | | |
|---|---|---|---|---|---|---|---|
| | | | 1级 | 2级 | 3级 | 4级 | 5级 |
| 市场推广类人员 | 思维能力 | 归纳思维 | 照搬套用：<br>·能够运用浅显的规律（经验法则）和普通常识确定工作问题所在<br>·当所面临的情况与以前经历过的情况相同时，能够识别出共同之处并应用以前的经验进行处理 | 模式识别：<br>·推广工作中当面对不完全相同的现象和问题时，可以认识到不同情况（如所面临的工作要求与以前经历过的工作方案）之间的相似之处 | 整体方法：<br>·利用学习到的理论知识，以及在处理其他问题时取得的经验，对现有信息和资料进行整体分析和处理，找到推广策划的活动思路 | 化繁为简：<br>·面对复杂的情况时，能将获得的各种观点、疑问和搜索到的数据进行归纳，提炼出一些有意义的核心观点或推广方案 | 独具慧眼：<br>·在推广工作中，能够用自己创造的概念或理论来进行现状描述和方案策划<br>·在推广策划工作中能够发现别人没有发现的关键点，透过表面深入情况的本质，总结出规律 |
| | | 创新能力 | 经验推断：<br>·当面对新任务时，通常利用以往经验，或者参照市场推广的通常做法进行处理 | 创新思考：<br>·主动关注身边发生的新案例和新现象，与公司现有的市场推广工作，甚至是整个企业的现有状况进行比较，发现其中的差异所在<br>·思考新案例或新现象对自己的本职工作可能产生的影响 | 挑战现状：<br>·不断对现有工作提出新的想法，挑战既定的项目思路或工作方法<br>·对本职工作的改善有自己的见解，不断引入其他领域的观念和方法来指导工作 | 推陈出新：<br>·尝试新的项目管理方法或改变的工作流程，而且通过自己的判断进行合理、灵活地使用，降低创新过程中的风险<br>·改进现有的宣传推广方案，找到更好、更有效的工作方式或策划创意 | 发明创造：<br>·运用或改造新的概念，创造出全新的工作方法或方案<br>·拥有市场上公认、好评的创新或发明，或能够建立获得社会认可的发明，或能够建立获得社会认可的理论体系，可以指导并提高工作绩效<br>·敢于为制定新制度、采取新措施或尝试新方案承担风险 |
| | | 信息收集 | 打听消息：<br>·直接询问可能知情的人员，获得现成的信息来源，并花时间汇总资料<br>·面临困难任务时，想到要尽可能收集多方面的信息来解决问题 | 实地调查：<br>·亲自到现场去考察与市场、推广有关的情况，并询问相关人员，尽力收集可能有用的信息 | 挖掘真相：<br>·接触其他尽可能多的渠道或对象，获得他们的观点、背景资料及经验等各种相关或潜在相关的信息<br>·不满足于表面信息的获得，能深入挖掘问题的核心和真相 | 系统研究：<br>·建立相关的信息收集系统，通过系统的常规渠道（如报纸、杂志等）获取信息<br>·对收集到的信息进行系统分类、整理和保存等方面的管理 | 情报系统：<br>·形成定期收集信息的习惯，建立起能够长期运作的信息收集系统<br>·长期不间断地使用自己的系统方法收集信息，并不断挖掘未来可能的潜在信息和信息收集途径 |
| | 个人特质 | 人际交往 | 保持工作关系：<br>·与他人保持工作相关的接触，维持正式的工作关系，但不扩大接触或是刻意建立工作关系 | 非正式接触：<br>·能敏感地把握他人的性格特点和利益需求，为今后的交往奠定基础<br>·偶尔在工作中开始以非正式的方式与别人交流 | 主动联络：<br>·积极创造与他人接触的机会，主动联络对方，利用非正式接触建立融洽关系<br>·在交往场合，能够调动大家的交流情绪，营造使大家可以轻松交流的气氛 | 积极维护：<br>·经常在工作外的集会、活动上，继续与同事或客户及其他相关人员保持友善关系<br>·利用他人间接的关系，扩大人际网络范围，为未来作铺垫 | 深厚友谊：<br>·与他人建立长期稳定的亲密私人友谊，相互之间可以坦率地交流，谈论敏感问题和私事。对方在对与自己有重要关系的问题上，能够主动地通风报信<br>·利用私人友谊扩展业务网络 |
| | | 沟通能力 | 愿意沟通：<br>·有沟通的愿望，能够回应他人发出的沟通信号 | 准确表达：<br>·能够耐心倾听他人的观点，基本把握他人谈话的主旨<br>·能比较完整地表达自己的意见和想法，使对方能够理解 | 高效沟通：<br>·在与他人交流时能够准确理解他人的观点，积极地给予反馈<br>·表达言简意赅，具有较强的逻辑性，观点清晰明确 | 注重技巧：<br>·通过一些语言技巧（如使用比喻、排比等）清晰地表达较为深奥而复杂的观点<br>·在表达时有意识地使用一些肢体语言作为辅助，增加语言表达的感染力 | 设计策略：<br>·预见到他人的需要和关注点，根据不同对象采取相应的沟通策略<br>·对不同对象和情境所要求的沟通方式有系统和深入的认识，并能自如地运用和进行灵活调整 |
| | | 积极主动 | 应声而动：<br>·在最短的时间内（如1～2天内）就认识到眼前的市场机会或工作中存在的问题，并立即采取行动，以纠正错误或把握机会 | 当机立断：<br>·在面对重大问题，甚至是危机事件时，能够迅速果断地采取行动，开始着手处理问题 | 短期计划：<br>·能够提前一定时间（如1～3个月）采取非常规且额外的行动来创造机会或降低问题发生的可能性（如自己私下思考关于新楼盘的新宣传方案，收集、分析国内外经典策划案例的亮点等） | 中期筹划：<br>·预测在未来半年左右的时间里，其他人并未意识到的市场机会或问题，并提前采取行动，以避免可能出现的危机 | 长期规划：<br>·能够预期到未来的一到两年内，或更多年以后可能发生的情况<br>·提前一年以上采取行动以创造机会或避免问题，这些机会或问题通常不被其他人所意识到，而事实证明这种预测和提前采取的活动是有价值的 |

# 5.3　市场营销职业分析模型

## 5.3.1　企业中的“营”与“销”

企业中的“营”和“销”隶属不同部门，其工作性质、内容、流程都有很大不同，如图 5－5 所示。企业“营”的部门，包括市场部、公关部、策划部、推广部等，主要负责市场细分、产品业务定位、市场传播、市场策划、市场公关推广活动，是企业的费用支出部门，也即“花钱”部门。企业“销”的部门包括销售部、门店、营业部、直销团队，主要承担产品或项目销售、客户谈判、成交、销售组织、销售绩效管理，是企业营利部门，也即“挣钱”部门。因此，市场类和销售类划分特征明显。

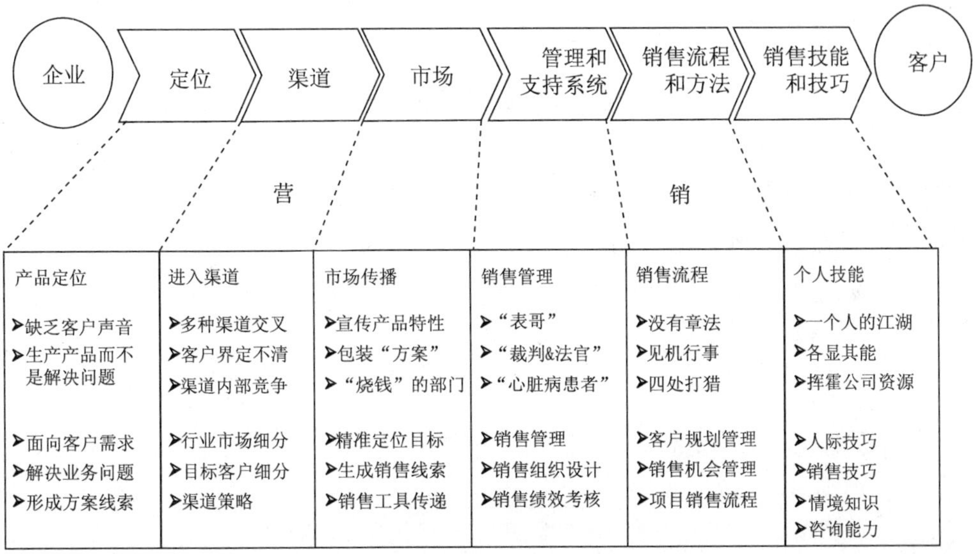


**图 5－5　企业“营”与“销”模型**

## 5.3.2　职业需求趋势分析

从营销行业发展衍变来看，销售功能逐渐从单一销售向满足客户需求、实现客户价值转移，如图 5－6 所示。随着中国市场经济迅速发展，市场逐渐繁荣，供需发生极大变化，卖方市场向买方市场过渡，客户服务类岗位正在从原来的售后服务单一功能向售前、售中、售后全方位综合功能转移。进入 21 世纪，全球市场高度一体化、透明化，开放度和便利性增强，用户不仅对产品本身，同时对交付全过程提出更高要求，使营销工作的难度加大，复杂程度提高，完成顾客物质精神现实需求和远景需求的全方位价值追求使客户服务岗位逐渐从辅助部门向一线转移，这种变化还对市场类和销售类工作及职业人提出了人性化、社会化方面的更高要求。

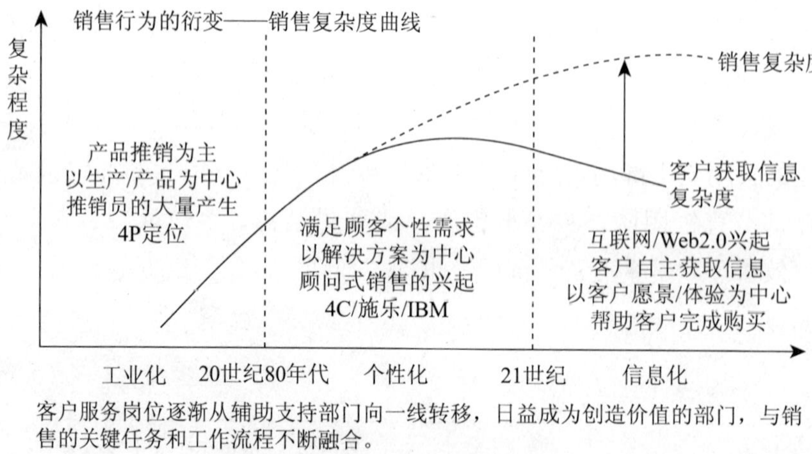


**图 5-6　销售复杂度曲线**

因此，市场营销职业划分为三大类，即市场类、销售类和客户服务类，其未来发展趋势以及对职业教育分级的影响如图 5-7 所示。

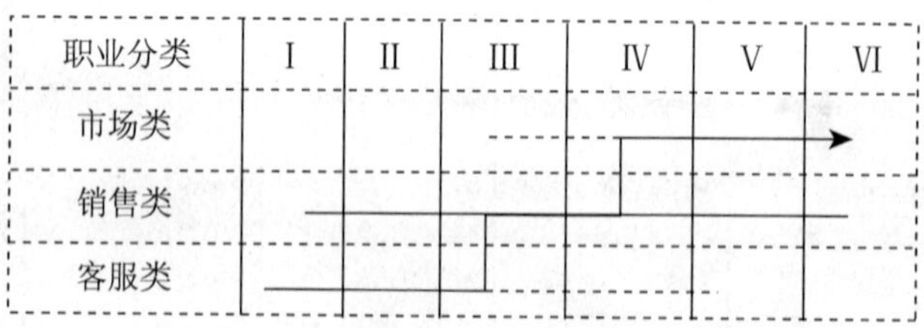


**图 5-7　营销职业与职业教育级别关系**

从图 5-7 中可以看出，目前客户服务类职业岗位大多数位于基层（实线所示），但其发展有上移趋势，向上进入销售类、市场类；销售类各级人才均有较大需求；市场类岗位对人才规格要求较高，大部分要求具有专科及以上学历，呈现上移特点。

### 5.3.3　研究结论

经过前期深入研究和广泛调研，2011 年 4 月 12 日下午，市场营销专业职业教育分级标准委员会在北京市海淀区用友软件园对市场营销职业的前期调研进行了研讨和论证。市场营销专业分级标准委员会由政府职业鉴定中心、行业协会和产业界企业家以及科研院所职业教育专家组成，包括教育部教职委专家、人力资源和社会保障部就业指导中心和职业鉴定中心专家，以及用友公司、IBM、阿里巴巴、FESCO集团等国际知名跨国公司管理领导和营销领域专家，得出以下结论。

市场营销职业分为三大类：市场类、销售类和客户服务类。以往在各院校市场营销教学中大多市场和销售不分家，而不论是在国外市场营销职业教育教学中，还是从我国职业标准以及国内外行业企业的岗位需求来看，市场类和销售类是两种完全不同的职业岗位类型，培养的是不同的素质能力标准；同时，市场类各职业岗位对于人才学业能力、学历以及综合素质要求有明显区别，市场营销职业的岗位胜任力具有分级特征，市场营销三大类的职位所要求的素质能力具有等级特性，因此，市场营销职业具有明显的分级特性。

## 5.4　市场营销职业仓

职业仓是通过职业类别和级别进行职业定位的一种方法，它是一个职业的类别与级别的有机组合，描述了该职业分类与分级的对应关系。职业仓是职业向职业教育转化的依据，是将职业需求向教育需求转化研究的基础。通过职业各个类别的划分来帮助确定职业教育中对应于岗位的专业或专业方向；通过职业各个级别的划分来帮助确定职业教育中的专业各个层次人才培养规格。市场营销职业仓如表5－10所示。

表 5－10 市场营销职业仓

<table>
<tr><th colspan="3">职业级别层次</th><th>1</th><th>2</th><th>3</th><th>4</th><th>5</th><th>5⁺</th></tr>
<tr><td rowspan="12">市场营销职业大类</td><td rowspan="4">市场类</td><td>市场调研类</td><td></td><td></td><td></td><td>调查分析师、调查项目督导</td><td rowspan="3">产品经理、营销服务经理、市场研究经理</td><td rowspan="3">市场总监、产品研究高级经理、数据库营销经理、专家</td></tr>
<tr><td>企划类</td><td></td><td></td><td></td><td>促销经理、产品/品牌经理、市场拓展经理</td></tr>
<tr><td>广告类</td><td></td><td></td><td></td><td>方案策划、广告客户经理</td></tr>
<tr><td>……</td><td>……</td><td>……</td><td>……</td><td>……</td><td>……</td><td>……</td></tr>
<tr><td rowspan="4">销售类</td><td>销售业务类</td><td>营业员、收银员（门店销售）</td><td>电话销售</td><td>销售代表</td><td>项目销售经理—大客户销售</td><td rowspan="3">销售主管、销售经理</td><td rowspan="3">销售总监、营销副总裁</td></tr>
<tr><td>销售管理类</td><td></td><td></td><td>客户主管、售前/售后管理</td><td>渠道分销经理、业务拓展经理</td></tr>
<tr><td>销售支持类</td><td>商务专员、销售行政专员</td><td>商务助理、销售行政助理</td><td>销售行政主管</td><td>销售行政经理、销售培训讲师</td></tr>
<tr><td>……</td><td>……</td><td>……</td><td>……</td><td>……</td><td>……</td><td>……</td></tr>
<tr><td rowspan="4">客服类</td><td>呼叫中心</td><td>一线坐席</td><td>二线坐席、客户服务岗位群专员、客服代表</td><td>现场主管、呼叫督导</td><td></td><td></td><td></td></tr>
<tr><td>技术支持类</td><td></td><td></td><td>售前/售后技术支持</td><td></td><td></td><td></td></tr>
<tr><td>客户关系管理类</td><td>客户关系维护与回访专员</td><td>客服专员</td><td>客服主管、售前/售后管理</td><td></td><td></td><td></td></tr>
<tr><td>……</td><td>……</td><td>……</td><td>……</td><td>……</td><td>……</td><td>……</td></tr>
</table>

从市场营销职业仓可以看出，市场营销可以确定 3 个专业方向，即市场营销（市场策划）、市场营销（销售）、市场营销（客户服务）。职业教育分级可以确定为 $1\sim5^+$ 级，1 级和 2 级更多针对商业连锁、商业流通、快消、耐消等领域的营业员、销售助理等岗位。销售类的 5 级和 $5^+$ 级更多面向大型工矿企业、大型设备公司、IT 领域、政府采购、医疗系统、跨国集团的项目销售，销售高级别工作性质较其他较低等级更复杂、难度更大。客户服务类岗位处于变化中，随着现代服务业的兴起，客户服务从辅助和支持部门向一线转移，正在成为参与销售并与销售共同创造价值的部门，与销售的连接融合越来越紧密。鉴于市场营销的快速变化和不确定性，不论市场类、销售类还是客户服务类，考虑到未来的开放性设置，都预留了新兴职业岗位接口（用省略号标注）。

# 6　市场营销职业标准研究

职业标准主要指工作标准，工作标准是指对工作的责任、权利、范围、质量、程序、效果及检查方法和考核办法所制定的标准，如国家职业标准主要是工作标准，是在职业分类的基础上，根据职业（工种）的活动内容，对从业人员工作能力水平的规范性要求。

按照职业仓研究的结果，市场营销职业可以归纳为三大类，即销售类、市场类、客户服务类。因此，市场营销职业标准具体分为销售类职业标准、市场类职业标准和客户服务类职业标准。研究市场营销职业大类不同职业级别层次岗位胜任力要求，解构不同职业级别层次完成典型工作任务的步骤、工具技巧，提炼能力要素，形成职业标准。以下是对其中的销售类进行的职业标准研究方面的论述。

## 6.1　销售主要工作流程与岗位任务

在对 9 个行业、35 个部门、221 个销售岗位调研的基础上，分析销售工作流程并分解各流程的岗位工作任务，如图 6－1 所示。

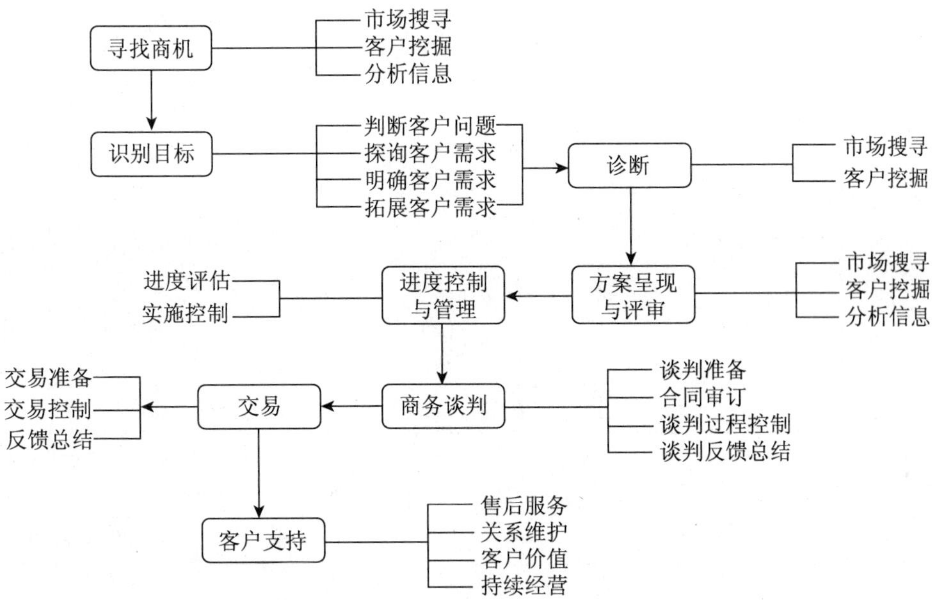


**图 6－1　销售工作流程**

在 8 个主要的销售工作流程中，包含近 20 个岗位工作任务。除此之外，在进入销售流程之前，销售人员必须对行业、企业、产品、客户进行熟悉和了解，销售认知是销售工作前的准备，衡量销售人员技能也包括对行业企业基础知识的掌握，对产品性能、技术、功用等方面知识的熟悉，对客户消费心理、习惯、行为等方面知识的应用。这些知识技能被隐含在职业标准中，应该纳入职业教育分级标准中并将其标准显性化，以便可以衡量、评价完成质量。

## 6.2 企业销售序列流程任务动作模型

借鉴用友股份有限公司所属用友大学营销学院对 18 万用户群培训与分析的成果，对工作流程中主要工作任务进行了细化分解，细分成 90 个二级任务，将完成这些任务的活动和操作工作转化为具有可衡量和评价标准的动作、行为和方法，形成企业销售序列流程任务 126 个动作/方法，如表 6－1 所示。

**表 6－1　企业销售序列流程任务动作模型**

| 大类 | 流程 | 岗位任务 | 二级任务（解释与细分） | 任务动作/方法 |
|---|---|---|---|---|
| 公司/产品知识 | 了解公司 | 讲述公司文化 | 讲述公司企业文化与价值观 | 讲述——公司文化、价值观 |
| | | 遵守公司规章制度 | 遵守公司员工通用规章、制度 | 讲述——公司员工通用规章、制度 |
| | | | 遵守销售序列规范、制度 | 讲述——销售序列规范、制度 |
| | 了解产品(FABE) | 讲解产品的特征、特性及基本功能 | 讲解产品的通用知识 | 讲述——产品历史、趋势、技术及通用功能、特性等 |
| | | | 讲解公司产品知识 | 讲述——公司产品型号、架构 |
| | | | 讲述公司附加产品、服务及利益 | 讲解——产品安装、指导、维修、保证等相关事宜 |
| | | | 解释公司产品的使用方法及用途 | 讲解——产品如何满足客户需求、实现利益 |
| | | | | 演示——产品满足客户需求的方法 |
| | | | 讲述公司产品的特性或独有特征 | 讲述——公司产品特性 |
| | | 讲解产品优势 | 讲解公司产品特性产生的优势 | 讲解——产品独特特征、特性产生的优势 |
| | | | | 演示——产品独特优势 |
| | | 讲解产品对客户的利益 | 讲解公司产品的优点、优势带给顾客的好处 | 讲解——产品给客户带来的利益 |

续 表

| 大类 | 流程 | 岗位任务 | 二级任务（解释与细分） | 任务动作/方法 |
|---|---|---|---|---|
| 行业/客户知识 | 了解行业与客户 | 分析行业/客户市场现状 | 收集行业客户名录与信息 | 收集——客户名单及联系方式（网络、黄页、政府部门的企业名单等） |
| | | | 分析行业背景 | 讲述——行业报告、国家产业政策等 |
| | | | 分析行业经营管理知识 | 讲述——客户业务流程、管理流程、生产流程、工艺、法律、客户、特殊要求等知识 |
| | | | 分析行业问题、难点 | 讲述——行业发展屏障、竞争、困局等 |
| | | 分析行业/客户趋势 | 了解行业的发展趋势 | 讲述——行业发展方向、行业预测及先进技术等 |
| | | 分析行业/客户机遇 | 了解行业客户需求 | 讲述——该行业客户的通用及特殊需求 |
| | | | 了解该行业客户的发展机遇 | 讲述——该行业客户的发展机遇 |
| | | | 了解我们在该行业领域机遇 | 讲述——我们在该行业领域的机遇 |
| | | 分析行业/客户市场的优势 | 分析客户维度的行业优势 | 讲述——特定客户在该行业的优势 |
| | | | 分析我们在该行业的优势 | 讲述——我们在该行业的优势 |
| | | 分析行业/客户市场的劣势 | 分析客户维度的行业劣势 | 讲述——客户在该行业的劣势 |
| | | | 分析我们在该行业的劣势 | 讲述——我们在该行业的劣势 |
| 销售流程 | 寻找商机 | 挖掘准备 | 识别目标客户（理想客户模型） | 识别——应用理想客户模型识别目标客户 |
| | | | 准备信息（联系方式、公司介绍等） | 准备——客户信息 |
| | | | | 准备——客户问题清单/成功故事/话术 |
| | | | | 自我准备——心态、状态 |
| | | 激发兴趣 | 取得联系 | 联系——目标客户（邮件、电话、拜访） |
| | | | 激发兴趣 | 使用——问题清单/成功故事/潜在客户目标清单 |
| | | | 兴趣确认 | 总结——客户兴趣点（口述、邮件） |

续 表

| 大类 | 流程 | 岗位任务 | 二级任务（解释与细分） | 任务动作/方法 |
| --- | --- | --- | --- | --- |
| 销售流程 | 识别目标 | 判断客户角色 | 确认客户职务 | 询问——客户职位/岗位任务 |
| | | | 确认客户采购角色 | 询问——客户公司采购流程 |
| | | | | 判断——客户的采购角色及地位 |
| | | 探索客户目标 | 识别初始目标 | 提问——客户初始目标类问题 |
| | | | | 分享——目标清单 |
| | | | 间接探索关键角色目标 | 探索——其他关键人目标 |
| | | | | 建议——联系其他关键人 |
| | | 拓展客户目标 | 拓展客户其他目标 | 讲述——目标清单/成功故事 |
| | | | | 确认——是否客户关注的目标 |
| | | 判断能否合作经营 | 判断是否可以合作经营 | 对照——我方产品/方案辨别目标相关性 |
| | | | 决定是否暂时搁置 | 应答——礼貌回复并向经理汇报 |
| | | 目标梳理及总结 | 确认客户目标及沟通总结 | 总结——沟通内容及共识 |
| | | | | 发送——沟通总结邮件 |
| | | 处理邀请报价 | 探索并回复 | 询问——客户相关信息 |
| | | | | 要求——会见关键人或进行调研 |
| | | | | 发送——应答邮件 |
| | 初步诊断与需求确认（联系人） | 探索关键人目标 | 开场与回顾 | 回顾——联系人/关键人目标 |
| | | | 探索与拓展目标 | 探索——关键人目标 |
| | | | | 拓展——关键人目标 |
| | | | | 确认——关键人目标 |
| | | 现状诊断 | 现状探索 | 提问——开放式探索/可诊断的关键问题 |
| | | | 现状诊断 | 提问——针对客户关键问题的具体现状及诊断问题 |
| | | | 现状确认 | 确认——诊断结果及共识 |
| | | 愿景呈现 | 愿景探索 | 提问——开放式探索/客户对关键问题的解决方法 |
| | | | 愿景呈现 | 讲述——SPAR 应用场景 |
| | | | 愿景确认 | 确认——客户解决关键问题的理想场景和效果 |
| | | 总结 | 总结 | 总结——初步诊断与需求确认总结 |

续　表

| 大类 | 流程 | 岗位任务 | 二级任务（解释与细分） | 任务动作/方法 |
|---|---|---|---|---|
| 销售流程 | 发展支持者 | 发展支持者 | 关键人选择 | 选择——发展为支持者的目标 |
| | | | 关键人发展 | 发展——支持者发展流程验证和推进 |
| | | 验证支持者 | 验证方式选择 | 评估及优选——验证方式 |
| | | | 验证方式确认 | 确定——验证方法 |
| | 方案呈现与评审 | 方案制作准备 | 确定方案制作 | 制订——方案制作与评审的初步计划 |
| | | | | 评估——方案制作与评审的初步计划 |
| | | | 确定方案制作团队 | 组建——方案制作小组并分工 |
| | | | | 协调——专家、顾问等团队资源 |
| | | 方案制作 | 前期文档整理 | 收集——前期与客户确认的工作记录 |
| | | | | 制作——方案简报 |
| | | | 与客户创建实施愿景 | 诊断——影响实施成功的可能原因 |
| | | | | 创建——实施愿景 |
| | | | 提议项目实施计划 | 草拟——项目实施计划 |
| | | | | 沟通——确认项目实施计划 |
| | | | 测算投资构成 | 填写——与客户共同填写产品配置清单 |
| | | | 分析投资效益 | 拟订——客户投资效益分析 |
| | | | | 分析——有形效益、无形效益 |
| | | | 测算投资回报 | 绘制——成本效益分析图表 |
| | | | | 制作——盈亏平衡点分析表 |
| | | | 定义成功标准 | 建立——项目阶段性“成功标准” |
| | | 内部预评审 | 方案内部预评审 | 评审——方案内容与实施计划 |
| | | | 我方项目盈亏分析 | 测算——我方项目盈亏分析 |
| | | 方案汇报评审准备 | 约定汇报评审会议 | 提议——汇报评审会议 |
| | | | | 确定——双方参会人员及任务分配 |
| | | | | 确认——评审会议程、参会人员、时间地点等事项 |

续 表

<table>
<tr><th>大类</th><th>流程</th><th>岗位任务</th><th>二级任务（解释与细分）</th><th>任务动作/方法</th></tr>
<tr><td rowspan="28">销售流程</td><td rowspan="7">方案呈现与评审</td><td rowspan="2">方案汇报评审会</td><td>召开方案评审会</td><td>汇报——解决方案</td></tr>
<tr><td>确认方案内容</td><td>确认——与客户回顾及确认方案及内容</td></tr>
<tr><td rowspan="2">评审总结</td><td>方案评审总结</td><td>发送——评审总结邮件</td></tr>
<tr><td>方案修订（如需要）</td><td>重新修订方案并再次召开评审会</td></tr>
<tr><td rowspan="3">提议进程计划</td><td rowspan="3">提议项目进程计划</td><td>提议——项目进程计划</td></tr>
<tr><td>发送——项目进程计划邮件</td></tr>
<tr><td>确认——与客户共同修订、确认项目进程计划</td></tr>
<tr><td rowspan="9">进程控制</td><td rowspan="6">内部评估会议</td><td rowspan="2">回顾</td><td>回顾——客户关键人目标及解决方案</td></tr>
<tr><td>检查——我方能力证明及实施计划</td></tr>
<tr><td rowspan="4">项目形势分析与策略制订</td><td>检查——项目关键检查点</td></tr>
<tr><td>分析——项目形势分析</td></tr>
<tr><td>制订——项目策略</td></tr>
<tr><td>制订——价格策略</td></tr>
<tr><td rowspan="3">进程控制与实施</td><td rowspan="3">处理客户停滞项目</td><td>分析——项目停滞可能原因</td></tr>
<tr><td>询问——项目停滞原因</td></tr>
<tr><td>处理——项目停滞处理</td></tr>
<tr><td rowspan="12">商务谈判</td><td rowspan="4">做好谈判准备</td><td>准备共同资料</td><td>准备——相互确认过的资料</td></tr>
<tr><td>做好谈判准备</td><td>填写——谈判准备表</td></tr>
<tr><td>制订谈判策略与计划</td><td>填写——谈判策略与过程控制表</td></tr>
<tr><td>避免常见错误</td><td>避免——销售谈判中的常见错误</td></tr>
<tr><td rowspan="3">合同条款审订</td><td rowspan="3">审订合同内容</td><td>提交——合同文本供客户方预审</td></tr>
<tr><td>商讨——与客户共同商讨合同条款</td></tr>
<tr><td>确认——合同可确认内容、标明分歧</td></tr>
<tr><td rowspan="3">谈判过程管控</td><td>预约谈判会议</td><td>预约——与客户约定谈判具体日程</td></tr>
<tr><td>控制谈判节奏</td><td>控制——控制节奏，按既定策略与计划进行</td></tr>
<tr><td>管理谈判心态与情绪</td><td>控制——调整并控制心态与情绪</td></tr>
<tr><td rowspan="2">谈判总结</td><td>完成/结束谈判</td><td>总结——谈判内容及成果</td></tr>
<tr><td>签订合同/备忘录</td><td>签订——谈判合同/备忘录</td></tr>
</table>

续 表

| 大类 | 流程 | 岗位任务 | 二级任务（解释与细分） | 任务动作/方法 |
| --- | --- | --- | --- | --- |
| 销售流程 | 完成交易 | 完成交易 | 签约、开票、收款、发货 | 完成——签约/开票/收款/发货 |
| | | | 交易过程控制 | 控制——按计划和时间进行，避免节外生枝 |
| | | 销售总结 | 完成本次销售经验、教训总结 | 书写——销售总结 |
| | | | 输入销售案例集 | 归档——提交相关总结备案 |
| | 移交实施服务及跟踪 | 移交实施服务 | 项目内部汇报 | 提交——销售文档及召开内部沟通会 |
| | | | 实施计划重新审订 | 提交——实施计划及注意事项 |
| | | | 实施团队进场 | 引荐——实施团队进驻 |
| | | | 定期回访客户关键人，确认实施服务情况 | 制订——针对客户的实施跟踪计划 |
| | | | | 致电、邮件或拜访客户——了解实施及服务情况 |
| | | 关系维护 | 保持较好的客户关系 | 定期联络（电话、邮件、拜访） |
| | | | | 节假日联络以示关怀 |
| | | 客户价值总结 | 客户最终实现价值的总结 | 总结——客户实施过程中实现的阶段性价值 |
| | | | | 确认——客户实施过程中实现的阶段性价值 |
| | | 客户持续经营 | 实现与客户的战略联盟 | 讲述——客户行业趋势、机遇 |
| | | | | 讲述——我们可以帮助客户把握机遇的方法 |
| | | | | 持续经营 |

除了任务分解的动作行为外，在销售流程中包含在各任务完成过程中多次运用的常规化的技巧与技能，如面对面访谈技巧、谈判中的灵活度与原则性、客户心理与需求判断等，在职业教育分级标准中应该将这部分技能纳入标准范围。企业的销售技巧及技能训练标准如表 6－2 所示。

表 6－2　　销售技巧及技能训练标准

<table>
<tr><th>大类</th><th>流程</th><th>二级任务（解释与细分）</th><th>任务动作/方法</th></tr>
<tr><td rowspan="30">销售技巧——拜访</td><td rowspan="21">拜访准备</td><td rowspan="2">准备资料</td><td>整理——客户资料、历史拜访记录、确认邮件</td></tr>
<tr><td>整理——销售工具、案例、产品宣传册等资料</td></tr>
<tr><td rowspan="3">目标客户拜访技巧</td><td>列示——客户角色、采购流程</td></tr>
<tr><td>列示——客户基本信息及拜访历史资料</td></tr>
<tr><td>列示——客户概念</td></tr>
<tr><td rowspan="2">审订单一销售目标</td><td>审订——单一销售目标</td></tr>
<tr><td>列示——单一销售目标中的不确定因素</td></tr>
<tr><td rowspan="2">有效约见准备</td><td>拟订——有效约见理由</td></tr>
<tr><td>检查——表达方式与内容</td></tr>
<tr><td rowspan="2">引导客户技巧</td><td>拟订——期望客户的行动承诺</td></tr>
<tr><td>检查——行动承诺与采购流程、目标角色相关性</td></tr>
<tr><td rowspan="3">获取信息内容与方式技巧</td><td>列示——未知信息（概念、角色、流程、变化等）</td></tr>
<tr><td>编写——各类问句的方式与内容</td></tr>
<tr><td>检查——提问顺序与逻辑</td></tr>
<tr><td rowspan="3">确定差异化优势技巧</td><td>列示——针对客户概念的差异优势</td></tr>
<tr><td>证明——差异优势的真实性</td></tr>
<tr><td>准备——差异优势的证明证据（资料、案例、证言等）</td></tr>
<tr><td rowspan="2">打消客户顾虑技巧</td><td>判断——客户可能的顾虑</td></tr>
<tr><td>列示——处理顾虑的方式与问句</td></tr>
<tr><td rowspan="2">拜访准备技巧</td><td>检查——拜访准备逻辑、流程、资料及内容审查</td></tr>
<tr><td>检查——随身携带的工具与资料</td></tr>
<tr><td rowspan="11">了解需求</td><td>客户预约技巧</td><td>约见——电话、邮件约见</td></tr>
<tr><td>开场与暖场</td><td>表述——自我介绍、说明来意、适当暖场</td></tr>
<tr><td>沟通确认技巧</td><td>确认——与客户确认交流目标与流程</td></tr>
<tr><td rowspan="5">提问了解客户技巧</td><td>沉默——适当沉默让客户定调</td></tr>
<tr><td>探索——探索客户概念与目标</td></tr>
<tr><td>提问——客户现状类信息</td></tr>
<tr><td>提问——客户难点、诊断、效益类问题</td></tr>
<tr><td>提问——客户态度类问题</td></tr>
<tr><td rowspan="2">倾听技巧</td><td>保持——倾听心态、姿式、肢体语言</td></tr>
<tr><td>沉默——黄金沉默技巧</td></tr>
<tr><td>确认技巧</td><td>确认——客户概念与需求</td></tr>
</table>

续 表

| 大类 | 流程 | 二级任务（解释与细分） | 任务动作/方法 |
|---|---|---|---|
| 销售技巧——拜访 | 呈现优势 | 探寻提问技巧 | 探寻——客户对需求的解决方案 |
| | | | 提问——与客户合作经营解决方案 |
| | | 呈现优势技巧 | 呈现——客户理想场景呈现 |
| | | | 证明——用证据证明差异优势 |
| | | | 确认——客户对理想场景与差异优势的态度 |
| | 获得承诺 | 行动承诺技巧 | 探索——客户认为的下步计划 |
| | | | 提议——提出承诺类问题（拜访前准备的） |
| | | | 确认——客户的行动承诺 |
| | | 确认结果技巧 | 总结——拜访主要内容及共识 |
| | | | 确认——双方行动计划与行动承诺 |
| | | 探索并确认顾虑技巧 | 提问——顾虑类问题 |
| | | | 确认——客户顾虑原因 |
| | | 处理顾虑技巧 | 列示——客户异议原因 |
| | | | 应用——“心灵共振”与“同理心” |
| | | | 应用——“太极推手” |
| | | | 总结——客户的顾虑解决程度及效果 |
| | 拜访评估 | 拜访评估表 | 检查——拜访准备表完成情况 |
| | | | 更新——收集的信息 |
| | | 总结 | 总结——我们获取的新信息 |
| | | | 总结——我们创造的差异化优势 |
| | | | 总结——客户的行动承诺 |
| | | 评估 | 列举——整个拜访中客户信任的表现 |
| | | | 列举——整个拜访中客户不信任的表现 |
| | | | 列示——获取客户更多的信任的方法 |
| | | 反馈 | 发送——拜访总结电子邮件 |
| 销售策略 | 识局 | 整理需求范畴和目标 | 列示——客户单一销售目标 |
| | | | 列示——客户概念 |
| | | 分析项目阶段 | 确定——项目进度、漏斗阶段 |
| | | 分析项目紧迫程度 | 确定——客户的紧急程度 |
| | | 分析竞争情况 | 确定——我们在竞争中的位置 |
| | | 项目总感觉 | 确定——项目总体感觉、温度 |
| | | 分析客户采购流程 | 列示——客户组织架构图 |
| | | | 列示——项目客户采购角色结构 |
| | | 识别关键人角色 | 列示——全部项目关键人、潜在关键人 |
| | | | 辨别——项目关键参与者角色 |
| | | | 检查——未知角色或决策影响力 |

续 表

| 大类 | 流程 | 二级任务（解释与细分） | 任务动作/方法 |
|---|---|---|---|
| 销售策略 | 拆局 | 分析关键人态度 | 判定——客户角色的反馈模式 |
| | | | 讲述——客户角色对现状、期望的认识 |
| | | | 证明——列示证据证明客户的态度 |
| | | 分析关键人支持度 | 判定——客户角色的支持程度 |
| | | | 证明——列示证据证明客户的支持度 |
| | | | 讲述——客户角色支持度的原因 |
| | | 检查项目总体阶段 | 检查——客户销售的总体阶段 |
| | | 确定关键角色的参与度 | 绘制——客户每个角色参与度曲线 |
| | | | 标注——客户每个角色的参与点 |
| | | | 列示——客户内部政治关系链及冲突点 |
| | | | 列示——客户每个角色现阶段参与度与影响力 |
| | | 分析角色业务价值 | 列示——关键角色的部门、岗位、职责 |
| | | | 列示——关键角色有关业务需求 |
| | | | 确定——解决方案对关键角色的业务价值 |
| | | 分析角色个人价值 | 列示——关键角色的年龄、学历、履历、性格等信息 |
| | | | 列示——关键角色在组织中的位置与关系 |
| | | | 确定——关键角色的个人利益 |
| | | 标识优势与风险 | 标识——优势与风险 |
| | 布局 | 制订项目总体策略 | 回顾——项目总体形势与拆局分析 |
| | | | 列示——客户关键诉求、我方优势与劣势 |
| | | | 列示——各种可能采取的策略 |
| | | | 列示——项目在我方无干扰情况下的走势 |
| | | | 确定——项目总体策略 |
| | | 制订关键人应对策略 | 制订——COACH 培训与发展策略 |
| | | | 制订——分别制订 EB、UB、TB 应对策略 |
| | | | 制订——EK、OC 应对策略 |
| | | | 列示——每个角色的目标反馈与支持度 |
| | | | 列示——面向每个角色下步具体目标与行动计划 |
| | | | 检查——行动计划顺序 |
| | | 管理资源 | 列示——资源列表 |
| | | | 列示——可动用资源及动用方式 |
| | | | 列示——资源成本及难易度 |

续 表

| 大类 | 流程 | 二级任务（解释与细分） | 任务动作/方法 |
|---|---|---|---|
| 销售策略 | 布局 | 部署资源 | 列示——针对每个角色目标与行动计划 |
| | | | 匹配——面向具体角色、目标的资源有效性 |
| | | | 制订——资源使用计划 |
| | | | 检查——资源使用有效性与成本 |
| | | 协调资源 | 申请——资源协调与调动 |
| | | | 讲述——与资源知会项目信息、行动目标与计划 |
| | | | 编写——资源申请、协调邮件 |
| | | 检查竞争对手 | 列示——项目竞争对手名录 |
| | | | 列示——竞争对手优势、劣势 |
| | | 判定竞争地位 | 列示——每个角色对每个对手的反馈与支持度 |
| | | | 判定——关键角色对供应商排位 |
| | | 检查竞争策略 | 回顾——总体竞争策略 |
| | | | 修订——行动目标、计划与资源部署 |
| | | 检查行动计划 | 检查——总体检查 |
| | | 预测目标状态 | 预测——行动之后的目标状态与局势 |
| | | 确定行动计划 | 确定——行动计划（目标、任务、负责人、资源、时间） |

另外，在销售工作中，销售人员的个人价值观、态度、方法等素质非常重要，具体包括成就导向、自我管理、组织管理、人际关系。为了能够训练提升上述素质，也需要将其转化分解成任务及其动作，如表 6 - 3 所示。

**表 6-3　　基础素质与技能训练标准**

| 大类 | 流程 | 岗位任务 | 二级任务（解释与细分） | 任务动作/方法 |
| --- | --- | --- | --- | --- |
| 基础素质与职业技能 | 成就导向 | 自我愿景 | 树立自我实现意识 | 职业测评<br>认知课程训练 |
| | | 内激励 | 结合企业及社会价值观，树立个人价值观 | 职业辅导<br>专题讲座<br>个人规划 |
| | | | 自我定位 | 设定——自己在企业和社会中的位置 |
| | | | | 规划——未来发展方向及阶段里程碑 |
| | | | 克制荣誉与物质利益诱惑 | 坚定——价值观和荣辱观 |
| | | 行动性 | 热情投入工作 | 激发——工作热情 |
| | | | 渴望取得成果 | 激发——对成果的渴望 |
| | | 挑战性目标 | 设定组织目标 | 为组织设定目标 |
| | | | 设定个人目标 | 为个人设定工作目标 |
| | | 高标准 | 严格要求 | 严格遵守——规范、要求、计划、承诺 |
| | | | 持续改进 | 不断进步并探索快速进步的方法 |
| | 自我管理 | 管理心态 | 保持阳光心态 | 分辨——积极心态与消极心态范畴 |
| | | | | 判断——自己具有的积极、消极心态 |
| | | | | 树立——阳光思维 |
| | | | 克服消极心态 | 建立——应对压力、危机、事件的良好心态 |
| | | 管理时间 | 选取工作清单 | 回顾——当天工作情况 |
| | | | | 列举——次日工作清单 |
| | | | | 排序——次日重要工作 |
| | | | 制订时间计划 | 计划——重要工作时间安排 |
| | | | | 填写——时间计划表 |
| | | 基本礼仪 | 示范基本礼仪 | 表现——礼貌、专业、诚信的形象 |
| | 组织管理 | 团队管理 | 建立团队 | 选择与录用——团队成员 |
| | | | | 培养与启用——团队成员 |
| | | | 激励团队 | 给予精神激励 |
| | | | | 制订物质激励 |
| | | | 建立共同愿景 | 建立团队目标与愿景 |
| | | 商业能力 | 制订计划 | 制订——组织工作计划 |
| | | | 管理预算 | 制订——组织预算 |
| | | | 管理成本 | 合理管控——组织成本 |
| | | | 管理战略 | 制订——公司、部门发展战略 |
| | 人际关系 | 换位思考 | 角色互换 | 以对方的方式去思考问题 |
| | | 与他人协作 | 服从安排 | 对既定事项服从安排 |
| | | | 调节纷争 | 调节——团队内纷争 |
| | | | 沟通建议 | 提出——建议并与团队协商 |
| | | 有效沟通 | 使用有效沟通技巧 | 使用——有效沟通技巧 |
| | | 礼貌待人 | 示范基本礼仪 | 表现——礼貌、专业、诚信的形象 |

## 6.3 销售标准要素

通过对9个行业、35个部门、221个市场营销的销售岗位职位的典型工作任务的步骤，工具技巧，所需要的知识、素质、技能等进行调研，同时参考国家职业资格标准，并对企业销售岗位胜任力样本进行汇总，将销售标准归纳为基础素质、销售认知能力和销售业务能力，具体细分形成26项市场营销职业能力要素，如表6－4所示。

表6－4 销售标准要素

| 能力类型 | 标准要素 |
|---|---|
| 基础素质 | 成就导向 |
| | 自我管理 |
| | 组织管理 |
| | 人际关系 |
| 认知能力 | 企业经营知识 |
| | 市场知识 |
| | 行业知识 |
| | 产品知识 |
| | 产品市场知识 |
| | 公司知识 |
| | 销售流程制度知识 |
| | 销售管理知识 |
| 业务能力 | 简单的谈判能力 |
| | 项目销售策略能力 |
| | 项目销售竞争策略能力 |
| | 大项目销售流程管理及技巧应用能力 |
| | 个人销售业绩规划及个人管理 |
| | 项目实施监理能力 |
| | 客户拜访、沟通能力 |
| | 演讲呈现能力 |
| | 渠道发展与管理 |
| | 销售区域规划 |
| | 行业销售规划 |
| | 销售预测与业绩管理 |
| | 销售团队管理 |
| | 联盟能力 |

由此可见，市场营销职业教育活动中的职业标准包含技术流程规范要素、技巧方法要素和态度理念要素 3 个层面的内容，构成冰山结构，如图 6-2 所示。

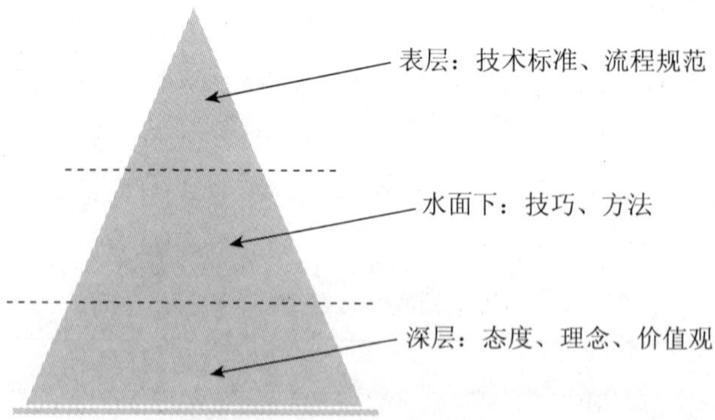


**图 6-2 冰山结构**

露在水面以上的冰山一角是清晰明确的各任务完成的技术标准、流程规范要求，水面以下又分为两部分，靠近表层的是完成市场营销任务，为达到技术标准要求而必须具备的各种技巧、方法，这部分技巧方法要素可以被描述，但形成标准需要以工作的具体环境和各要素之间的互动关系为依据。从上述企业模型来看，企业将隐性的技巧方法类要素通过动作行为的描述使其外显为可衡量的动作行为指标，从而形成标准。最下面的深层要素涉及市场营销系统性思维境界，工作与人、工作与社会的互动关系的看法、处事哲学等，由于其更隐蔽、更深层，形成技术标准更困难，从上述企业销售模型来看，企业将这部分要素也通过动作行为进行描述，从而将不确定性因素固化形成标准。

职业标准对于职业教育活动的作用是巨大的。Chris Zirkle① 对在中学和中学后阶段推行国家工业技术标准进行了研究，发现技术标准对职业教育的影响主要体现在 6 个方面：增进商业、工业和教育工作之间的联系；使职业技术教育课程的内容更适用；提供更高质量的技术工人；毕业生会更好地加强企业和学校的联系；采用技术标准有利于改进教学的过程；使教育工作者更加负责任。即使市场营销这类包含大量缄默知识和隐性能力的职业，也需要在教育教学中借鉴和参考职业技术标准，将这些缄默知识和隐性能力显性化是市场营销以及具有相似特点的职业在教育教学中面临的巨大挑战。

①ZIRKLE C. Perceptions of Vocational Educators and Human Resource/Trainingand Development Professionals Regarding Skill Dimensions of School-to-Work Transition Programs [J]. Journal of Vocational and Technical: Education, 1998, 15 (1): 305-411.

# 第三部分　职业教育分级标准研究

进入21世纪以来，职业教育发展进入“大跃进”时期，这一时期也是付出改革成本极大的时期。形成这一现实，既有始终无法摆脱的政策性影响，也有来自我国传统教育文化方面的影响，更有对职业教育的标准化建设没有予以高度重视的原因。

缺乏职业教育标准化所带来的问题主要如下。一是许多理论上的争论不断左右着教育教学改革实践，改革的道路必然曲折多变。二是政府、学校、企业、专家在改革中的角色与定位时常出现缺位、错位、越位。例如，该由课程专家和企业专家做的职业技术标准、专业标准、课程教学标准，却让各院校教师重复劳动来做，因此不可能具有权威的所谓“标准”；再如，本应该由政府来协调的校企合作体制性政策与法律问题，却由学校自身所谓的机制来承担无限责任。三是职业教育在没有教育标准的情况下，追求所谓的特色，使得院校的建设和发展功利化，集全校之力“制造”出彩的所谓特色，一些所谓的特色缺乏全校的共性和基础，在同类院校中也是普遍的同质化和复制化。

因此，我国职业教育标准化建设任重而道远，本项目以市场营销专业为研究案例，在厘清职业教育与学科教育区别的基础上，从职业分析出发，研究人才的成长规律，对职业教育的标准化建设进行开创性研究。

## 7　职业教育分级标准内涵和依据

### 7.1　职业教育的专业与职业教育标准

#### 7.1.1　职业教育的专业

专业起源于人类有了社会分工和职业的出现。大量的社会化分工，不断地催生了教育实践和工业、商业实践，促进了新职业专业分工和专业化理念的传播，其职业教育的专业与职业具有对应关系。普通教育与职业教育都强调专业，普通教育在学科指导下构建专业，注重专业在知识体系上的科学性、系统性和完整性。职业教育是从职业出发考虑教育问题，职业教育按照职业需要和未来市场经济需要来设置专业，按照职业岗位的工作要求来强化技能，按照职业职责素养来塑造人才，因此职业教育中的专业培养目标注重培养一技之长，重视工作过程中的学习并能创造性地解决工作中出现的问题。

职业教育中的专业是面向职业和职业人的教育，专业建设需要进行职业分析、工作任务分析、职业人的工作胜任力分析以及工作体系如何转化成为教育体系的研究。职业教育比起普通教育在专业特质上更复杂，必须将职业体系与教育体系有机融合而不是简单叠加或者简单舍弃。

在职业教育中，专业目标强调获得一技之长，同时兼顾个人未来发展。

在职业教育中，专业对应职业岗位或职业岗位群。

在职业教育中，专业不再按照学科体系组织教学，而是按照职业岗位工作体系要求重新建构知识内容和知识结构。

在职业教育中，专业教学标准反映职业岗位胜任力要求，不同级别的职业岗位人才培养的教学标准不同，并与职业各级别的岗位能力标准具有对应关系。

### 7.1.2 职业教育标准

从标准本身的发展来看，职业教育标准大致经历了3个发展阶段：产品标准阶段、体系标准阶段、社会标准阶段。①产品标准阶段，该阶段制定的标准主要集中为产品本身的指标要求；②体系标准阶段，该阶段制定的标准不仅包括产品的标准，还包括对组织内部的系统性要求，最著名的标准就是目前采用范围最广并为全球经济质量管理作出重大贡献的ISO 9000系列标准；③社会标准阶段，以ISO 140000（环境管理体系标准）及现在的SA 8000（社会责任国际标准）为代表，该阶段的标准特点是除关注产品本身、组织本身外，还更加关注社会及文化层面的基本要求。

教育作为服务行业之一，近年来日益得到标准化组织的重视。2002年10月，ISO发布ISO/IWA2:《质量管理体系——教育行业实施ISO 9001：2000指南》(Quality management－Guidelines for the application of ISO 9001：2000 in education)。该指南适用于教育行业中提供各种教育形式的各种层次的组织，包括小学、初中、高中、特殊教育、成人教育、远程教育和网络教育。

教育标准可以参照国际标准发展的3个阶段，教育的产品标准主要包括课程建设标准、教学测试与评价标准；教育的体系标准主要包括教育机构内部系统工作标准；社会标准包括安全、教师资源、环境、社会责任等方面。

本项目研究重点是职业教育的产品标准，即以市场营销专业职业教育为例，研究不同职业教育级别的产品标准。

## 7.2 职业教育分级标准内涵

把握一个专业的职业教育分级标准需要清晰界定以下问题：职业教育内涵；普通教育标准与职业教育标准；职业资格、职业能力、职业标准和职业教育标准的关系；职业分级与职业教育分级；职业教育分级标准框架。

### 7.2.1 职业教育的二元性

教育的实用性与人的发展性是教育的两种不同价值选择。面向知识结构体系的学科教育更侧重于人的发展性，而企业（包括社会培训机构）的培训面向职业岗位技能，更关注实用性。职业教育则二者兼顾，其复杂性表现为教育目标的二元性和教学过程的二元状态。从教育目标来看，首先，职业教育具有教育目标的功利性要求，目的是使受教育者获得一技之长，从事一份职业。职业是“个人所从事的作为主要生活来源的工作”（《高级汉语大词典》）。职业不仅仅是简单的工作问题和生计问题，它更体现了一种精神追求，通过职业的发展过程，个人的价值得以不断实现。人们通过接受职业教育找到职业工作，能够在社会中生存立足。其次，职业教育还要同时兼顾受教育者的个人发展需要，满足受教育者在职业岗位间迁移和向更高层次发展的需要以及职业之外的人作为个体的个性自由、自我完善、自我创造、自我实现的需要。由于职业教育目标的二元性必然影响教学体系和教学标准，其结构体系既包括现阶段工作体系下的职业素质能力提升的培训方法和路径，也对未来社会经济发展下的人才素质能力要求进行培养体系建构，因此其较普通教育和职业培训都更多元、更复杂，这也是职业教育存在的意义和价值。因此，职业教育标准必然融合与职业相关的能力资格标准，但不是所有职业岗位工作内容都按部就班地在教育中完成，也不是所有的职场任务都具有教育价值，职业教育标准将工作过程通过教学论进行转化，按照人的认知规律重构工作过程中的知识、素质技能。除此之外，大量工作过程中无法体现的隐性知识素质技能对职业岗位的胜任、对未来适应职业变化发展以及对职业外的人的发展往往更重要，因此职业教育标准的内涵更丰富。

职业教育标准主要针对个人能力，而不是组织或团队等集体能力。但是一个人离不开社会经济环境，个人发展必须与社会发展相适应。因此，在制订职业教育标准时，应该建立社会与个人之间的联系指标，在职业教育标准能力指标中融入共同的社会价值观和道德准则，并且还应融入未来社会对个人的要求的能力。因此，职业能力、社会能力和发展能力共同构成职业教育标准体系。

### 7.2.2 普通教育标准与职业教育标准

普通教育以理论理解、知识的逻辑思维和记忆为主要标准，主要学习获得理论理解能力。很多人认为普通教育能够学习到更多的认知方法，学习语言、数学、哲学等基础知识，能够使学习者更聪明，更能应付不同领域工作。这种认识将这种对理论知识的驾驭能力放在其他能力之上，但是能够适用于所有认知任务的能力其实是不存在的。大量理论研究和实际案例表明，把学校知识获得的理论驾驭能力用于实践情境中存在很大困难，有时候知识学习的普适性越强，应用于具体情境就越困难。杰克斯和里斯曼报告了学校成绩与职业成功之间的相关性差，对近年来出版的论文进行归纳，发现学业成绩与后来在商业、教育和医学领域专业成就之间并不存在什么联系。① “职业能力是那些旨在完成和处理一组任务时所需要的主观能力的潜力，是那种以特有的人类智力和个性智力为基础的能力，以及人与机器交互过程中只有专业人员才能展现出来的那部分能力”。② 此处关于职业能力的描述是建立在加德纳的“多元智能理论”基础上的。③ 即职业能力由某种智力特征发展而来。

因此，职业教育下的专业标准具有特定的职业内容。当今知识经济发展对“有知识”进行了重新界定：首先必须拥有实践效应知识，而不能是仅仅起着装饰作用的知识。知识显示于行动中，知识是在行动中有效的信息，着重于效果的信息。④职业教育标准注重实践性知识、能力的获得，即知识能力与具体工作任务、工作情景、工作情感和工具方法结合在一起。

### 7.2.3 职业资格、职业能力、职业标准和职业教育标准的关系

社会培训机构和企业所开设的职业培训和学校的职业教育都基于雇主需求来进行，其教育标志都是以能力为标准。从这点来看，似乎它们之间的目的和内容没有什么区别，那么，职业资格、职业能力、职业标准是否可以直接拿来当作职业教育标准呢？这就要明确职业资格、职业能力、职业标准以及职业教育标准的内涵了。

---

①徐国庆．职业教育课程论［M］．上海：华东师范大学出版社，2008：125.

②费利克斯·劳耐尔．职业能力与职业能力测评——KOMET 理论基础与方案［M］．赵志群，吉利，译．北京：清华大学出版社，2010：20.

③费利克斯·劳耐尔．职业能力与职业能力测评——KOMET 理论基础与方案［M］．赵志群，吉利，译．北京：清华大学出版社，2010：19.

④德鲁克．后资本主义社会［M］．张星岩，译．上海：上海译文出版社，1998：49.

1. 职业资格

资格一般被理解为“从事某项工作或活动所具备的身份、条件等”（《古今汉语词典》）。“职业资格是从事一种职业活动时，能够应用的并能通过学习获得的能力或潜力，包括知识、技能和技巧”。职业资格面向“实时性”的岗位工作任务的完成能力，获取职业资格是“一种功利性取向的劳动力管理手段，它所能表征的仅仅是能够显性化、行为化的静态知识与技能，并且它通常把职业能力与生活背景严格割裂开来”。

不论是企业职业岗位培训还是职业资格培训，都是职业岗位规格式培训，都培养“实时性”能力，其目标是拿来即可用，够规格。而职业教育也面向“职业任务”，其载体任务是指一定阶段内，为达成某一目的而进行的行为组合，这种行为组合依赖于知识、技能和素质的有机结合，构成职业标准，它是职业教育标准制定的基础和重要组成部分。但是，职业教育面向更广义的职业任务，是使学习者具有思考和处理更大系统、更广泛关系、更深远问题的能力。因此，职业教育将职业能力作为其教育标准的制定基础。

2. 职业能力

与职业资格不同，职业能力是与职业相关的认知能力特征，埃彭贝克等把能力分为以下 4 种类型。

①个人能力：有反思的、有组织的行动和学习能力。

②积极和主动的应用能力：主动的、全面的行动能力。

③专业与方法能力：解决具体的专业问题的能力。

④社会能力：自我组织的建立沟通与合作的能力。

资格和能力的最大区别如下。

资格不在自我组织的行动中表现出来，而是在自我组织行动之外的、可标准化的、需要一项一项完成的考试情境中表现出来。职业资格通过企业委托的、在生产或经营中客观存在的实际情境来考核。①

能力则被理解为“胜任某项工作的才力或条件”（《古今汉语词典》）。能力构成远比职业资格广义得多，与人格发展息息相关（赵志群，2010）。能力的教育学解释则是“潜在于个体身上，通过某种身体活动或心理活动或学习活动所表现出的个体特征”（《教育大辞典》）。那些属于人格范畴里的个体的心理结构，才指称为“能力”（姜大源，2008）。能力是内隐的、深层的、过程性的，是由多个层面组成

---

①费利克斯·劳耐尔．职业能力与职业能力测评——KOMET 理论基础与方案［M］．赵志群，吉利，译．北京：清华大学出版社，2010：16.

的一个复杂结构，外显的行为结构只不过是内在的心理结构的体现，是一个由个体自行规划的主动过程（徐国庆，2010）。

职业能力获得是职业教育的主要目标。职业能力有多种定义，按照CBE中的定义，是指“由知识、技能以及根据标准有效地从事某项工作或职业的能力”。中国教育部《关于全面推进素质教育，深化中等职业教育教学改革的意见》和相关报告中强调职业能力是“一个人在现代社会中生存生活，从事职业活动和实现全面发展的主观条件，包括职业知识和技能，分析和解决问题的能力，信息接收和处理能力，经营管理、社会交往能力，不断学习的能力”。（教育部职业教育与成人教育司，2000；国家教委职业技术教育司，1998）。德国将职业能力界定为职业行动能力，认为职业能力是才能、方法、知识、观点和价值观的综合发展，关注人的职业生涯发展，并且以职业能力为主，建构了“基本职业能力”和“综合职业能力”的二维纵向结构和“专业能力”、“方法能力”和“社会能力”的三维横向结构。职业能力强调任务情境和现实工作关系，但不依赖特定任务和工作环境，随着社会经济环境发生变化后新的工作环境和劳动组织关系中仍然有价值和功能的内化能力，是个人内化的心理、态度、思维对外在工作任务和环境的视野、角度和处理方法。职业资格会随着具体工作或者职业变化和消失而失去功能和价值，但个人依靠内化的职业能力可以重新获得新的职业，能够适应外在环境的变化，不断创造自我价值和辉煌的职业前景（姜大源，2010）。

3. 职业标准与职业教育标准

职业标准主要指工作标准，工作标准是指对工作的责任、权利、范围、质量、程序、效果及检查方法和考核办法所制定的标准，如国家职业标准主要是工作标准，是在职业分类的基础上，根据职业（工种）的活动内容，对从业人员工作能力水平的规范性要求。通过职业标准，可以确定职业岗位工作的标准要求。因此，一个职业的职业标准特征至少应从该职业的工作内容和工作要求方面进行分析。

（1）工作内容

工作内容是指完成职业任务所应做的工作，包括这些任务所涵盖的项目、活动、行为动作，它们之间的顺序、衔接关系、流程以及难易程度等。这些工作内容要素及其背后的工作情境、工作方法及工具以及生产关系和人际关系构成该职业独特的工作内容体系。这些内容体系规划化要求构成该职业的职业标准特征，并且工作内容体系是职业教育教学体系的重要组成内容。

（2）工作要求

工作要求是在对职业活动内容进行分解和细化的基础上，从素质、能力和知识3个方面对完成各项具体工作所需职业能力的描述。工作要求主要反映在完成该职业工作所需的职业能力上。职业能力是人们从事一门或若干相近职业所必备的本领，是个体在职业工作、社会和私人情境中科学思维、对个人和社会负责任行事的热情和能力，是科学的工作和学习方法的基础。一个职业工作内容体系具有独特性，因此与之相对应的工作要求理应具有该职业的独特岗位胜任特征，这些特征从素质、能力、知识 3 方面进行分解归纳，形成职业能力，这些职业能力是职业教育标准的重要组成部分。

但是，职业教育通过专业学习获得能力，它与职业能力是有区别的。职业教育通过职业意义建构和组织教学，同时，职业教育还具有人的发展性目标。职业教育作为教育学分支和国民教育属性，其本源是依据学习者本性进行教育。因此，职业教育标准又不能唯具体化和资质化，而是需要把学习者的心理动机、价值取向、思维模式和态度模式加进来整体考虑，也就是说，要考虑学习者个体“特有的、与特定的行动情境无关的才能”。职业教育标准必须融合实用性和发展性两个目标，同时其教育教学标准必须整合职业性和教育性。

职业标准强调任务完成的标准和结果，职业教育更强调完成工作任务的过程，注重驾驭工作及与此相关的关系的能力。

职业标准强调训练技能，学习借助行动习得的知识。职业教育标准还强调结构化知识、反思性思维以及创新流程和方法，而不只是完成工作任务本身。

职业标准主要考量操作能力，职业教育标准除了职业标准要求的操作能力外，还包括从社会更大系统角度发展学习者的社会能力和个人发展能力，并且是提升这些指标在具体情境中的综合表现，而不是简单的总和能力。

## 7.3 职业教育分级标准依据

职业教育分级依据主要是职业岗位的分级。按照职业特点和性质将职业进行层次结构划分。不同性质的行业、企业、工种、岗位往往采用不同的层次划分标准和依据，或者按照技能水平的高低，或者按照管理责任的大小，或者管理和技术技能要求相融合，即以工作技能水平、强弱难易程度、职位设置层级对每一个职业内部划分级别层次结构。

职业教育分级通过专业教育达到职业分级中各级别的岗位素质能力，获得各级别的职业胜任力，实现企业用人和学习者就业的双向需求。职业分级和职业教育分级不是简单的对应关系，职业分级是经济发展对职业岗位的客观划分需要，是用人单位的人力资源结构和工作绩效分配的需要；而职业教育分级是职业岗位客观需要下的专业主观选择，专业培养目标是在教育目的的指导下，各级各类教育对受教育者的发展方向、内容及达到的规格所提出的要求。

专业对于分级的考虑除了参照职业分级影响指标以外，还需要从教育学角度出发，衡量专业学习的目标分类和分层。因为专业分级的目的不仅要符合职业分级的划分结构，它还离不开学习者的认知的层次递进和学习的前后次序逻辑规律，更重要的是职业分级只显示现实职业岗位的层级需要，职业教育分级还必须对未来职业变化进行教育教学设计，可能没有的岗位层级或职位从教育角度出发需要设计相应级别以应付未来职业升级或职业结构变化的需要，也可能现有的职业类别中的某个级别不具有形成独立教学级别的完整要素，没有职业教育分级的价值。

因此，职业教育分级依据但不依赖职业分级，二者之间具有对应关系但并不一一对应。

从国际经验看，职业教育划分为多少个层次是相对的。国际职业教育分级也参考借鉴职业分级的层级划分，由于国情不同，采用的分级方法和尺度不同，其职业资格框架结构也不同，有 12 级（苏格兰），8 级（德国、英国、捷克），6 级（澳大利亚）、5 级（法国）等不同分法。我国已经建立的国家职业资格制度，将国家职业资格分为 5 级，自低到高依次为 5 级、4 级、3 级、2 级、1 级，分别对应于初级工、中级工、高级工、技师和高级技师。另一方面，大部分国际职业院校在职业教育层级划分中都没有完全按照或者直接照搬职业资格等级，而是对客观的职业级别需求从专业教学上进行了重新整合。

### 7.3.1 市场营销专业职业教育分级标准依据

1. 市场营销职业岗位胜任力

胜任力（Competency）来自拉丁语。这一概念最初是在教育领域中运用，在管理界得到广泛使用是在哈佛大学教授戴维·麦克利兰（David · McClelland）于 1973 年正式提出之后。胜任力是指能将某一工作中卓越成就者与普通者区分开来的个人的深层次特征。胜任力模型将高水平的胜任力特征与低水平的胜任力特征进行了分级，以便于有针对性地进行培训和职业再教育，提升组织绩效和个人胜任力水平。职业岗位胜任力的分级特征是构建职业分级标准的重要依据。

市场营销岗位胜任力主要来源于市场供求和行业企业基础数据提供的职业分类信息。

2. 销售任务序列流程企业模型

市场营销专业的教育分级标准基础是工作能力分析，其主要目的是反映市场营销职业岗位人才规格要求及相应的能力标准。学习者一旦达到专业级别标准，就能够有效地完成该职业岗位的工作任务。

前文阐述的来自企业的销售序列流程任务动作模型是市场营销专业（销售）分级标准制定的重要依据。

首先，这种分析方法准确地将销售工作流程中的各项工作任务进行汇总；其次，将每一项工作任务进一步分解，使其划分成为更具体的子任务或者工作活动；最后，经过不断分解直至将任务分解成“动作行为”要素，使得这些工作任务的完成能够表象和显性化，具备成为可培养的能力要素的显著特征。

它剖析了工作流程、工作任务以及完成工作任务的动作行为之间的逻辑关系，提供了完整的工作能力分析脉络。这种对工作体系的层层分解和充分解构，使得完成任务的能力可衡量、可标准化，这种解构了的能力能够说明做什么以及做的程度和质量要求。

但是，这种方法具有两个方面的局限性。

第一，职业教育标准以能力为本位，而能力本位不等于任务本位。任务本位是企业和社会培训机构进行培训的主要目的。职业教育对于作为“社会人”而不是“职业人”的学习者负有教育责任。作为“社会人”的培养其内涵不仅包含培养职业岗位所需要的技能，还包含超越某一具体职业技能和知识范畴的能力，这种能力帮助提升学习者的学习视野和思维境界，拓宽了职业跨度，拓展了个人发展空间，是构成职业教育能力标准的重要组成部分，但这部分能力不是简单的任务动作所能承载的，无法通过完成工作任务分解成的行为动作标准直接获得。

第二，当今职业结构和职业形态变化加速，职业的复杂性对职业人的责任和要求更加综合化，隐性能力越来越重要，仅仅依赖工作体系分解出来的任务动作并机械性地完成其要求，对于学习者从更高更深角度认识工作整体，培养主动灵活地处理那些不确定性的、边界模糊的综合性问题的能力受到限制，这种任务动作的训练也不可能负载更多的新技术、新知识，因此最多只能满足操作类或执行类的工作，达到较低的岗位层次要求。

3. 国家职业标准

市场营销专业为行业企业培养输送职业岗位人才，其教学标准要吸收借鉴行业企业职业资格标准，充分考虑职业工种的人才规格和特殊需要，在标准制定中提供衔接、兼容、融合的开放性设计，在分级标准划分上参考人力资源和社会保障部制定的《营销师》国家职业标准从营销员（5 级）、高级营销员（4 级）、助理营销员（3 级）、营销师（2 级）到高级营销师（1 级）的工作要求。其中，营销师（2 级）和高级营销师（1 级）的工作要求如表 7－1 和 7－2 所示。

本标准对营销师、高级营销师的职业能力要求依次递进，高级别包括低级别的要求。

表 7－1　　营销师（2 级）工作要求表

| 职业功能 | 工作内容 | 技能要求 | 相关知识 | 比重 |
| --- | --- | --- | --- | --- |
| 1. 市场调查与分析 | 1. 组织市场调研 | 1. 能够拟订调研计划<br>2. 能够进行调查表与问卷调查<br>3. 能够组织实施市场调研活动<br>4. 能够撰写市场调查报告 | 1. 制订调研计划的知识<br>2. 问卷设计知识<br>3. 组织市场调研活动的知识 | 10% |
| | 2. 进行市场分析 | 1. 能够分析市场营销宏观、微观环境给企业带来的机会与威胁<br>2. 能够分析客户购买行为类型<br>3. 能够根据消费者购买过程采取相应的对策 | 1. 市场营销环境分析的知识<br>2. 消费者购买心理活动、购买行为模式、类型、决策的知识 | |
| | 3. 评估与预测 | 1. 能够分析、汇总调研数据<br>2. 能够计算总市场及区域市场潜量<br>3. 能够进行市场销售额的预测 | 1. 总市场潜量与区域量的含义<br>2. 市场销售额的预测方法 | |
| 2. 营销策略与营销活动管理 | 1. 制订营销策略 | 1. 能够编制企业营销目标营销策略与任务书<br>2. 能够分析现有业务并编制组合计划<br>3. 能够编制新业务发展计划 | 1. 企业任务与目标、策略和任务的含义<br>2. 分析现有业务的方法<br>3. 新业务计划的方法 | 16% |
| | 2. 制订市场营销实施计划 | 能够制订和组织市场营销实施计划 | 市场营销计划的含义和内容 | |
| | 3. 企业形象设计 | 1. 能够掌握企业形象组合知识<br>2. 能够掌握企业形象识别系统知识 | 1. 企业形象的含义和内容<br>2. 树立企业形象的方法 | |
| | 4. 营销管理活动过程 | 1. 能够了解整个营销活动过程<br>2. 能够根据不同需求水平采取不同的营销对策 | 1. 市场营销管理过程的含义和内容<br>2. 分析不同需求水平的方法 | |
| 3. 产品与价格管理 | 1. 产品管理 | 1. 能够判断产品生命周期并提出营销对策<br>2. 能够组织实施产品组合策略<br>3. 能够进行产品线决策 | 1. 产品生命周期的知识<br>2. 产品组合的知识<br>3. 产品线决策的知识 | 15% |
| | 2. 价格管理 | 能够灵活运用定价策略与技巧 | 定价策略与技巧的知识 | |

续　表

| 职业功能 | 工作内容 | 技能要求 | 相关知识 | 比重 |
| --- | --- | --- | --- | --- |
| 4. 渠道管理 | 1. 制订渠道策略 | 能够制订与组织实施渠道策略 | 1. 营销渠道的种类<br>2. 选择、评估中间商的知识 | 10% |
| | 2. 设计渠道系统 | 能够设计相应的渠道系统 | 渠道系统种类的有关知识 | |
| | 3. 实施渠道管理 | 能够建立、管理和维护渠道系统 | 1. 渠道调整的知识<br>2. 不同类型渠道关系的知识<br>3. 激励渠道成员的知识 | |
| 5. 促销管理 | 1. 制订销售促进方案 | 1. 能够制订销售促进方案<br>2. 能够进行效果评估 | 1. 销售促进的含义与特征<br>2. 销售促进方案设计的方法<br>3. 评估销售促进效果的方法 | 25% |
| | 2. 策划并实施公共宣传活动 | 1. 能够与新闻媒体建立联系<br>2. 能够撰写公共宣传新闻稿<br>3. 能够策划并实施公共宣传活动方案 | 1. 与新闻媒体建立关系的原则<br>2. 撰写新闻稿的知识<br>3. 公共宣传活动的类型 | |
| 6. 客户关系与销售管理 | 1. 客户管理 | 1. 能够建立客户档案<br>2. 能够管理应收账款<br>3. 能够针对不同客户采取不同的管理措施<br>4. 能够处理客户投诉 | 1. 客户分类知识<br>2. 客户管理的内容与原则<br>3. 客户管理的分析方法<br>4. 处理客户投诉的原则与流程<br>5. 应收账款统计的知识 | 16% |
| | 2. 服务质量管理 | 1. 能够设计服务质量考评体系<br>2. 能够对服务质量进行测定<br>3. 能够制订服务营销策略 | 1. 服务质量考评体系的知识<br>2. 服务质量测定的知识<br>3. 服务营销组合的知识 | |
| | 3. 组织商务谈判活动 | 能够组织商务谈判 | 商务谈判的知识 | |
| | 4. 经济合同管理 | 1. 对重要的经济合同能进行审核<br>2. 能够主持合同的谈判和签署仪式 | 1.《经济合同法》知识<br>2. 相关的经济法律知识 | |
| | 5. 销售绩效管理 | 能够做好销售绩效管理 | 1. 销售绩效管理的作用<br>2. 销售绩效管理的内涵<br>3. 销售绩效管理的方法 | |

续 表

| 职业功能 | 工作内容 | 技能要求 | 相关知识 | 比重 |
|---|---|---|---|---|
| 7. 网络营销管理 | 1. 制订网络营销的模式与策略 | 1. 能够确定网络营销的模式<br>2. 能够制订网络营销的策略 | 1. 理解信息化、全球化带来的机遇与挑战<br>2. 理解网络营销的内涵与特征<br>3. 熟悉网络营销的必要条件 | 8% |
| | 2. 网络营销日常管理 | 能够实施网络营销日常管理 | | |

**表 7-2　　高级营销师（1 级）工作要求表**

| 职业功能 | 工作内容 | 技能要求 | 相关知识 | 比重 |
|---|---|---|---|---|
| 1. 市场调查与分析 | 1. 进行市场分析 | 1. 能够分析组织市场的客户构成<br>2. 能够根据组织市场的客户购买行为类型采取不同对策 | 1. 组织市场构成的知识<br>2. 分析组织市场购买行为类型的相关知识 | 15% |
| | 2. 进行市场选择 | 1. 能够进行消费者市场和产业市场细分<br>2. 能够制订企业的目标市场涵盖策略<br>3. 能够对自己的产品进行市场定位<br>4. 能够帮助企业开展国际市场营销活动分析 | 1. 市场细分的含义与作用<br>2. 产业市场细分知识<br>3. 目标市场选择的知识<br>4. 市场定位的知识<br>5. 国际市场营销知识 | |
| 2. 营销策略与营销活动管理 | 1. 制订市场竞争策略 | 能够为企业制订并实施差异化的策略 | 1. 不同类型市场竞争者的知识<br>2. 同市场竞争策略的知识 | 20% |
| | 2. 制订策略联盟规划 | 能够建立策略联盟规划、控制与管理 | 1. 策略联盟规划知识<br>2. 策略联盟运作误区<br>3. 策略联盟控制与管理知识 | |
| | 3. 设计市场营销组织 | 能够设计市场营销组织 | 1. 市场营销组织的含义与类型<br>2. 市场营销组织的评价与调整 | |
| | 4. 设计企业形象战略 | 1. 能够设计和建立企业形象识别系统<br>2. 能够制订建立企业形象的战略 | 企业形象的设计和建立形象识别系统的知识 | |
| | 5. 实施市场营销控制 | 1. 能够进行年度计划控制<br>2. 能够进行赢利能力控制<br>3. 能够进行效率控制与策略调整<br>4. 能够进行市场营销审计 | 1. 市场营销控制的类型和方法<br>2. 市场营销审计的含义和内容 | |

续　表

| 职业功能 | 工作内容 | 技能要求 | 相关知识 | 比重 |
| --- | --- | --- | --- | --- |
| 3. 产品与价格管理 | 1. 产品管理 | 1. 能够了解新产品的类型<br>2. 能够协助企业开发部门开发新产品<br>3. 能够制订新产品上市计划 | 1. 新产品类型知识<br>2. 新产品开发、扩散知识<br>3. 接受新产品客户的类型 | 15% |
|  | 2. 品牌管理 | 1. 能够进行品牌设计<br>2. 能够制订并实施品牌策略 | 1. 品牌与商标知识<br>2. 品牌设计的原则与方法<br>3. 品牌决策的方法 |  |
|  | 3. 价格管理 | 1. 能够测定需求弹性<br>2. 能够选择定价方法<br>3. 能够确定基本价格<br>4. 能够主动应对变价 | 1. 定价目标基本方法<br>2. 需求弹性知识<br>3. 主动应对变价知识 |  |
| 4. 渠道管理 | 1. 规划物流活动 | 1. 能够制订物流规划<br>2. 能够制订物流策略<br>3. 能够掌握国际物流基础知识 | 1. 物流的职能和管理知识<br>2. 国际物流理论知识 | 10% |
|  | 2. 选择直复营销 | 1. 能够制订直复营销计划<br>2. 能够策划直复营销活动 | 1. 直复营销概念<br>2. 数据库营销知识<br>3. 电话、电视营销知识<br>4. 直邮营销知识<br>5. 关系营销知识 |  |
|  | 3. 管理特许经营 | 1. 能够制订特许经营计划<br>2. 能够管理特许经营活动 | 1. 特许经营的分类知识<br>2. 特许经营的计划、管理知识 |  |
| 5. 促销管理 | 1. 广告宣传策划 | 能够制订并实施广告与宣传策划 | 广告、宣传策划知识 | 15% |
|  | 2. 销售促进策划 | 能够进行销售促进策划与实施 | 销售促进策划的知识 |  |
|  | 3. 人员推销策划 | 能够组织实施人员推销策划 | 1. 销售队伍建立、管理知识<br>2. 销售技术分析知识 |  |

续 表

| 职业功能 | 工作内容 | 技能要求 | 相关知识 | 比重 |
|---|---|---|---|---|
| 6. 客户关系与销售管理 | 1. 客户关系管理 | 能够设计并实施客户关系管理系统 | 客户关系管理的含义和系统知识 | 15% |
| | 2. 提高顾客忠诚度 | 1. 能够制订优质服务措施<br>2. 能够协调与顾客的关系<br>3. 能够不断提高顾客满意度 | 1. 优质服务的内涵<br>2. 衡量客户满意度的知识<br>3. 优质的顾客服务管理知识 | |
| | 3. 销售督导 | 能够有效管理销售人员 | 督导人员工作职责 | |
| | 4. 商务谈判的组织与管理 | 1. 能够制订商务谈判计划<br>2. 能够组织控制谈判活动和控制谈判过程<br>3. 具有熟练的商务英语书写和会话能力 | 1. 商务谈判的技巧<br>2. 商务谈判活动组织、管理的知识 | |
| 7. 网络营销管理 | 1. 制订网络营销策略 | 能够制订网络营销策略及计划 | 1. 网络营销管理知识<br>2. 网络营销策略与计划的知识 | 10% |
| | 2. 进行网络营销测试 | 1. 能够追踪网络营销信息<br>2. 能够进行网络营销测试 | 1. 网络信息追踪的知识<br>2. 网络营销测试的知识 | |

上述标准在能力及知识维度上的划分，比较准确地把握了该职业的功能特点，较全面地涵盖了该职业的知识能力要点。但是，该职业标准对市场类和销售类人员工作要求没有进行有效区分，对应的销售与市场职业岗位各类各级具体工作任务模糊，职业岗位具体工作任务完成指标针对性不强，缺乏细化的、可衡量的标准。

4. 国际职业教育标准

澳大利亚职业教育标准在市场营销领域及其有关领域的专业包括小企业经营、销售、市场策划、顾客服务、采购和广告。澳大利亚的能力体系主要采用职业资格证书能力框架，分为若干个核心能力单元和选修能力单元。选修能力单元的能力可以直接调用相关相近的其他专业的职业资格证书规定的能力，能力单元通常以动作为评价标准。以代号为 BSB20207 的澳大利亚 4 级销售为例，BSB20207 4 级销售的核心能力包括：BSBPRO401A，发展产品知识；BSBREL402A，建立客户关系和商业网络；BSBSLS407A，识别并计划销售前景；BSBSLS408A，及时、可靠的销售支持解决方案。如表 7－3 所示。

表 7－3　　澳大利亚销售 4 级职业资格核心能力

| 核心能力指标 | 项目 | 动作标准 |
| --- | --- | --- |
| BSBPRO 401A 发展产品知识 | 1. 获取特定领域内产品的知识 | （1）确认特定领域产品的信息资源，并且评估它们的可靠性和有效性。<br>（2）确定产品目的和用途。<br>（3）确定产品的主要特点。<br>（4）识别产品的优缺点。<br>（5）阐明担保和保证，并确定支持服务详细信息 |
| | 2. 将产品知识转化为效益 | （1）确定产品特点能满足潜在消费者的诉求。<br>（2）目前产品所带来的利益能吸引到购买者。<br>（3）目前产品的利益在法律法规规定的范畴内 |
| | 3. 评估竞争对手的产品 | （1）使用一系列信息资源，以识别竞争对手的产品。<br>（2）用自己的产品与竞争对手的产品比较功能、优点、长处和弱点。<br>（3）你的产品和与消费者的交流同你的竞争者相比要有明显差异，以建立自己的相对地位 |
| BSBREL 402A 建立客户关系和商业网络 | 1. 与客户的初次人际沟通 | （1）首要客户的沟通风格和方法的识别、使用。<br>（2）使用的语言和非语言沟通同客户建立融洽关系过程。<br>（3）为客户提供积极反馈而进行调查并采取行动的机会。<br>（4）使用开放式问题以促进双向沟通。<br>（5）对与客户进行有效沟通存在的潜在障碍进行确认并采取行动。<br>（6）启动涉及客户的需求、偏好和期望的沟通过程 |
| | 2. 建立客户关系管理战略 | （1）发展客户忠诚度的目标集中在发展长期业务伙伴上。<br>（2）评估客户大概信息，确定接近的方法。<br>（3）按照经营战略为吸引和留住客户制订客户忠诚度策略。<br>（4）客户关怀和客户服务标准的确认和运用 |
| | 3. 维护和改善客户关系 | （1）制订为监测满意度而不断取得客户反馈的战略。<br>（2）制订战略，征求反馈，提供一个可以被用来改善与客户的关系的信息的形式。<br>（3）为保持和改善与客户的关系制订和执行的战略获得反馈 |
| | 4. 建立与维护网络 | （1）为建立和保持业务往来分配时间。<br>（2）参与企业协会或专业发展活动，建立和维护网络来支持业务，并加强个人的市场知识。<br>（3）建立沟通渠道以交流信息和思想。<br>（4）为网络提供、寻求和核实信息 |

续 表

| 核心能力指标 | 项目 | 动作标准 |
| --- | --- | --- |
| BSBSLS 407A 识别并计划销售前景 | 1. 寻找潜在客户的方法和使潜在客户成为现实客户 | (1) 确定、审议和评价初级和中级的寻找潜在客户的方法的优势和局限。<br>(2) 以符合市场的产品或服务的目标选择寻找潜在客户的方法。<br>(3) 通过寻找潜在客户的方法找到目前、以前的客户和新客户。<br>(4) 根据买方的可及性、买方的动机、产品售价、采购权、合法性和卖方的回报来研究和建立合格标准。<br>(5) 确保已建立的代表标准对于个人和团体购买潜力衡量是标准的 |
| | 2. 管理潜在客户 | (1) 制订并执行潜在客户信息记录系统。<br>(2) 监测和评价记录潜在客户信息系统的有效性。<br>(3) 在评估的基础上改善潜在客户信息记录系统 |
| | 3. 建立一个个性化销售计划 | (1) 建立个人销售目标和将重点工作活动放在以组织销售和营销目标为基础的工作配额。<br>(2) 与客户和监察人建立咨询和沟通结构。<br>(3) 在明确的时间内构建完成销售目标和工作配额的系统的个性化销售的计划和文件。<br>(4) 监督和调整有关建立目标和配额的销售计划。<br>(5) 在必要时评估和调整销售计划 |
| | 4. 完成销售文书工作和报告 | (1) 建立一个与销售过程相关的收集、记录和整理数据的系统。<br>(2) 按照组织要求完成例行定期报告。<br>(3) 利用现有技术保存记录和生产销售报告 |
| | 5. 组织有效的工作量 | (1) 建立提供工作和工作量管理结构的程序。<br>(2) 为工作任务以及具体无法预料的事件和活动分配时间。<br>(3) 当必要时，对花费在与工作相关上的时间进行分析，并调整花费在任务上的时间。<br>(4) 运用时间管理策略，尽量减少非生产销售活动。<br>(5) 委派给个人或团队成员的任务在工作量分配上尽可能适当。<br>(6) 监控压力症状，并建立减压计划 |
| BSBSLS 408A 及时、可靠的销售支持解决方案 | 1. 准备销售展示 | (1) 获取和组织销售演示所要使用的产品、理念和服务。<br>(2) 审查产品信息，确保对产品的熟悉。<br>(3) 根据他们的能力去评估和选择销售策略，以满足潜在客户需求和偏好。<br>(4) 考虑各种解决方案的销售和准备，以满足购买者需求。<br>(5) 识别和选择销售辅助工具。<br>(6) 识别选择潜在客户，并评估购买方的需求预期 |

续　表

| 核心能力指标 | 项目 | 动作标准 |
|---|---|---|
| BSBSLS 408A 及时、可靠的销售支持解决方案 | 2. 呈现一个销售解决方案 | （1）使用手势、姿势、身体语言、面部表情和声音来创造一个有利的销售环境。<br>（2）利用倾听技巧和开放式问题来确定购买者的需求、偏好、动机和拒绝的理由。<br>（3）调整展示以匹配购买者的需求和喜好。<br>（4）使用有说服力的沟通技巧来确保购买者的兴趣。<br>（5）确保产品的主要特点的展示和沟通，并强调产品的利益以确保购买者的需要。<br>（6）通过产品的购买获得利益证明。<br>（7）利用销售辅助工具让购买者理解如何使产品与需求一致 |
| | 3. 购买者信息的反应 | （1）识别和评估语言和非语言购买信号。<br>（2）通过调查明确购买者拒绝的原因。<br>（3）确定购买者抵抗策略的优势和局限性。<br>（4）购买者抵抗策略管理的选择和采用。<br>（5）在销售过程的不同阶段使用结束战略 |
| | 4. 谈判和完成销售 | （1）通过一个或更多的尝试结束来初步完成销售过程。<br>（2）选择结束销售的策略，并用支持和肯定的语言去支持销售流程的结束。<br>（3）协议的谈判情况，包括购买者协议的概述提纲，并肯定购买者的决定。<br>（4）如有需要，为财务安排提供建议。<br>（5）准备和完善销售文件，并处理和监督客户订单。<br>（6）为购买方识别和展示交叉销售机会 |
| | 5. 售后活动支持 | （1）确保购买者的售后合同已经达到约定的期望。<br>（2）提供技术支持或建议，并协助客户取得适当的售后支持。<br>（3）在销售过程中和产品满意中使用反馈征集方法。<br>（4）处理和解决服务问题，并通过反馈发现困难。<br>（5）制订和实施客户忠诚度的策略，以确保买家的忠诚度和便于持续接续。<br>（6）当机会出现时要提供和实施附加销售方案，并给客户带来利益 |

销售 4 级职业资格证书的选修能力包括如下方面。

（1）顾客服务

BSBCUS401A，客户服务战略的实施。

BSBCUS402A，闻讯客户需要。

（2）财务管理

BSBFIA402A，对金融活动的报告。

（3）一般行政

BSBADM405B，组织会议。

BSBADM406B，组织商务旅行。

BSBADM409A，调整业务资源。

（4）国际业务

BSBINT401B，研究国际商机。

（5）人际沟通

BSBCMM401，作介绍。

（6）IT 使用

BSBITU301A，创建和使用数据库。

BSBITU402A，开发和使用复杂的电子表格。

（7）营销

BSBMKG401B，描述市场。

BSBMKG402B，特定市场的消费者行为分析。

BSBMKG408B，进行市场研究。

BSBMKG413A，推广产品和服务。

BSBMKG414B，进行市场营销活动。

BSBMKG415A，研究国际市场。

BSBMKG416A，市场商品和服务国际化。

（8）职业健康和安全

BSBOHS407A，监测工作环境安全。

（9）人际关系管理

BSBREL401A，工作网简历。

BSBREL403A，制订国际客户关系策略。

（10）研究

BSBRES401A，分析和陈述研究信息。

（11）销售

BSBLED301A，E-Learning 学习。

（12）经营管理

BSBSLS501A，开发销售计划。

BSBSLS502A，领导和管理销售团队。

（13）可持续发展

BSBSUS301A，执行和监测可持续环保工作活动。

（14）工作的有效性

BSBWOR401A，建立有效的工作关系。

BSBWOR402A，提升团队效率。

（15）进口能力单位

FNSICSAM402B，实施销售计划。

上述能力单元构成4级销售职业资格能力包，学生需要学习10个能力单元课，4个核心能力及6个选修能力（从选修能力单元中选择4个选修能力，剩下2个选修能力可选同等级其他的，或3级/5级能力）。

澳大利亚关联度高的专业其就业能力指标是相同的，以保障职业岗位的关联性迁移。澳大利亚销售4级与市场策划4级的就业能力比较如表7-4所示。

**表7-4　　澳大利亚销售4级与市场策划4级就业能力比较**

| 就业能力 | 市场类需求 | 销售类需求 |
| --- | --- | --- |
| 沟通 | 进行不同目标市场和受众的营销传播；<br>向客户和一组同事演示 | 建立和使用正式及非正式的业务网络；<br>与客户及客户代表建立融洽关系；<br>使用手势、姿势、身体语言、面部表情和声音创造一个有利的销售环境 |
| 团队工作 | 与团队成员一起工作以完成营销传播活动；<br>与团队成员一起工作以识别和关联业务信息 | 识别和使用其他销售团队成员的优势以促进销售目标的达成；<br>个人或作为团队成员的一部分进行销售活动，并支持其他团队成员以达到销售目标 |
| 解决问题 | 诊断业务资源的使用和分配的问题；<br>采取行动来解决工作活动中的问题 | 识别和解决潜在买家不愿购买的问题；<br>根据评价细化系统的记录信息 |
| 主动性和进取心 | 收集市场增长区域的信息和市场预期；<br>识别、评估和建议销售机会 | 确定和呈现交叉销售或促销的方案；<br>主动发展销售前景和潜在买家 |
| 策划与组织 | 组织和实施增进客户关系的策略；<br>方案促进活动，如工作午餐 | 收集有兴趣购买产品或服务的潜在买家名字；<br>准备和计划销售活动以确定销售方案和前景；<br>固定销售前景和配套销售活动支持 |
| 自我管理 | 管理自我时间以保证目标实现 | 建立个人销售计划；<br>压力、时间、最近销售工作的有效管理 |

续 表

| 就业能力 | 市场类需求 | 销售类需求 |
| --- | --- | --- |
| 学习 | 获取产品和服务的知识；<br>参与时序的专业发展活动 | 获取产品和服务的知识；<br>获取对销售过程、服务或产品客户满意的反馈 |
| 技术 | 使用一个基础的计算机程序开发试听演示；<br>选择和使用适用于工作任务的业务技术 | 使用业务技术实现订单 |

从表 7-4 中可以看出，澳大利亚较其他国家更重视职业资格能力的培养，其职业教育标准也主要依据国家职业资格能力体系，没有独立开发职业教育专业教学标准。澳大利亚在就业能力设置中采取在相互关联的职业岗位中具有相同的指标的方法，方便了学习者职业选择，拓展了学习者的就业渠道。由于澳大利亚职业教育能力指标体系基本来源于职业资格证书能力单元，对学习者在职业以外的“社会人”、“自然人”的发展需要考虑较少，使得在充分显示了企业培训功能的同时缺失了部分作为专业教育的功能。

### 7.3.2　市场营销专业职业教育分级框架

市场营销职业分级主要依据市场类、销售类、客户服务类三大类所针对的职业层级，对各层级的知识素质能力进行归纳分析，发现有些低级别销售的知识素质能力梯度不大，其素质能力具有重复性或涵盖性，在教学分级中可以合并到一级里面，而且没必要都设置教育级别，如客户服务类人员进入 3 级以后虽然职业分级仍然存在，但是其素质能力在 3 级以后更多转移至销售中售后服务岗位，其素质能力可以与销售的 3 级和 4 级合并考虑。另外，6 级的高级销售需要具备管理者、领导者的知识素质能力结构，但这些素质能力往往属于隐性知识，无法从教学过程中获得，如销售总监的管理素质能力，需要通过较长时间实践才能得到提升，并且高级销售需要具备一定的市场策划素质能力，其职业发展过程中有转移到市场策划和市场总监的趋势，在市场营销专业职业教育分级中没有设置销售 6 级。因此，教育分级将不具有典型教学分级特征的级别过滤掉，形成具有典型专业教育分级特征的市场营销职业教育分级框架，如表 7-5 所示。

表 7－5　市场营销专业的职业教育分级框架

| 分级 | 客服类 | 销售类 | 市场类 |
| --- | --- | --- | --- |
| 6 | | | ★ |
| 5 | | ★ | ★ |
| 4 | | ★ | |
| 3 | | ★ | |
| 2 | ★ | ★ | |
| 1 | ★ | ★ | |

市场营销专业职业教育分级结构如下：市场营销（客户服务）1 级；市场营销（销售）1 级；市场营销（客户服务）2 级；市场营销（销售）2 级；市场营销（销售）3 级；市场营销（销售）4 级；市场营销（销售）5 级；市场营销（市场策划）5 级；市场营销（市场策划）6 级。

### 7.3.3　市场营销专业职业教育分级标准框架

职业教育分级标准是对职业教育分级要求的规范描述。标准源于职业，高于职业，用于职业，是指导职业教育教学活动，保障教育质量和开展人才评价的基本依据。

职业教育标准是社会（行业、企业）用人需求在教育过程中的客观反映，是国家职业资格标准、行业（企业）用人标准、学校教育标准等评价要素的有机融合。其整合了学校教育要求和职业岗位工作要求，顺应受教育者职业胜任和未来职业发展的关系。职业教育分级标准是一个使职业教育等级之间有比较明确的分界和合理的衔接的教学标准体系。我国从国情出发，在初中后教育分流基础上，采用以 5 级为基础，纵向上可以发展的职业教育 5＋X 分级结构模型，形成了我国的职业教育分级框架。职业教育分级促进了人才培养模式多样化和教育教学管理的柔性化，其在职业教育分级基础上制定的相应的标准使得学习者进入职业教育体系学习更为便捷，终身学习路径更为畅通。

市场营销专业分级标准可以通过能力体系框架加以描述，该框架由社会能力、专业能力和发展能力构成，如图 7－1 所示。

**图 7－1　市场营销专业分级标准参考模型**

1. 社会能力

社会能力是在社会系统中的责任意识和贡献精神方面的能力，职业教育一方面要对学生就业负责，一方面要对社会负责。社会能力是一切能力的基础，是一个“社会人”必须具备的素养，要成才，必须先成人。社会能力主要包括身心健康、思想道德、环保意识和人际交往子要素。身心健康子要素包括适应职业的生理因素和个人良好生活习惯养成，以健全人格（如客观的自我认知和良好的情绪调节，自尊、自强、自信等）、良好个性（如乐观、豁达、尊重等）、坚韧意志（包括自控力、压力与挫折承受能力）等为主要内容的个体心理品质等。思想道德子要素主要包括从业者的人生观、世界观，职业意识（如职业价值观、职业认可、职业道德、职业态度、职业观念、职业兴趣等），职业理想等；在职业意识中，诚信、敬业(忠诚)、负责任的职业道德尤为重要。环保意识子要素包括经营过程中以及产品生产及交付中的节约环保意识与行为等。人际交往子要素主要包括基本的人际交往常识、社交礼仪、接待艺术等内容。上述要素可概括为社会能力三要素，即道德责任、健康环保、沟通合作。社会能力是指学员或从业者必要的、对某岗位（群）工作起基础保障作用的因素，但单纯具备这些要素还不足以完成岗位（群）工作，还应包括思想道德、社会责任及社会义务等要素。

2. 专业能力

专业能力是与职业岗位技能直接相关的能力，包括基于这种能力独立完成任务、解决工作中的问题和达到绩效结果的态度和能力。专业能力包括市场营销及其相关岗位群的能力，包括市场营销职业岗位工作过程中的规范、流程、行为、动作、方法、技术的执行能力，通过提取典型工作任务获得，包括客户服务能力、销售能力和市场策划能力，同时还包括那些与市场营销职业岗位相近、相关而形成的职业岗位群所包含的岗位胜任素质能力，便于拓宽学习者职业岗位适应面和迁移范围，包括经营思维能力、经营管理能力和个人特质。

3. 发展能力

发展能力为个体职业生涯发展，迎接社会发展、进步与变革打造了实现自我的潜力和充分的应变能力。发展能力属素质教育，因具有当前状态支撑的作用，所以应从职业人通用基础素质模型中提炼；因又具有职业发展动力的作用，所以应添加持续发展、进步的素质能力。支撑要素对当前就业和近期职业发展具有较大影响，在职业素质中占有较大比重，动力要素在眼前职业生涯中占有较小的比重，但对保障职业生涯顺利、推动职业生涯发展起着不可替代的作用。如图 7－2 所示。

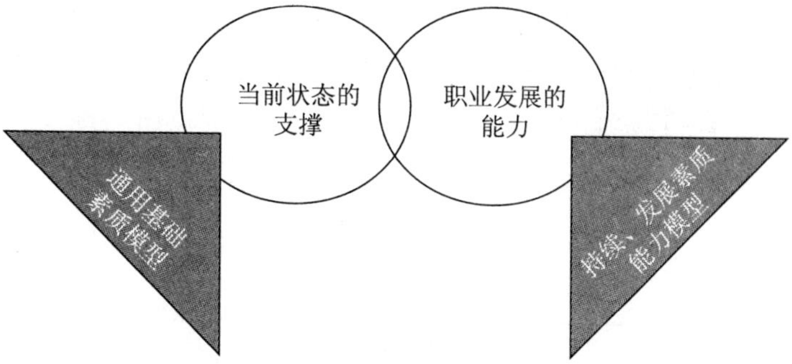


**图 7－2　发展能力二要素**

社会能力、专业能力和发展能力三要素相互影响，共同作用，形成统一的整体，构成市场营销专业职业教育分级标准框架，如图 7－3 所示。

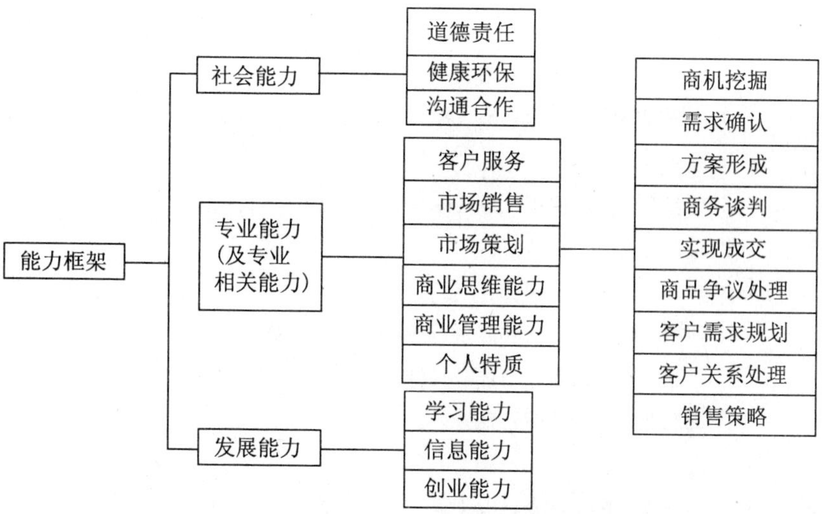


**图 7－3　市场营销专业职业教育分级标准框架**

在市场营销专业能力标准体系中，第1层称为类型层，包括社会能力、专业能力和发展能力3种类型；第2层称为能力项，社会能力分为道德责任等3个能力项，专业能力分为客户服务等6个能力项，发展能力分为学习能力等3个能力项，共12个能力项；第3层称为能力指标，每个能力类型由若干能力项组成，每个能力项由若干能力指标组成，社会能力分为8个能力指标，专业能力分为20个能力指标，发展能力分为8个能力指标，共36个能力指标。图7-3中，市场销售能力项中包含有商机挖掘等9个能力指标。

每个能力指标可以分解为若干能力要素，构成学习训练的基本要素。以专业能力类型中的市场销售能力项中的商机挖掘能力指标为例，对商机挖掘进行分解，并对其工作步骤、工具方法、知识、技能层层解构，构成完成该任务的能力要素，是进行相应的课程开发的基础，如表7-6至表7-17所示。上述能力体系构成市场营销专业职业教育分级标准框架，它由12个能力项、36个能力指标、361个能力要素构成。

**表7-6　　商机挖掘能力要素**

| | |
|---|---|
| 商机挖掘 | 讲述产品历史、趋势、技术及通用功能、特性等。<br>讲述公司产品型号、架构。<br>讲解产品安装、指导、维修、保证等相关事宜。<br>讲解产品如何满足客户需求、实现利益。<br>演示产品满足客户需求的方法。<br>讲述公司产品特性。<br>讲解产品独特特征、特性产生的优势。<br>演示产品独特优势。<br>讲解产品给客户带来的利益。<br>应用理想客户模型识别目标客户。<br>准备客户信息。<br>准备客户问题清单、成功故事、话术。<br>自我准备心态、状态。<br>联系目标客户（邮件、电话、拜访）。<br>使用问题清单、成功故事、潜在客户目标清单。<br>总结客户兴趣点（口述、邮件）。<br>询问客户职位、岗位任务。<br>询问客户公司采购流程。<br>判断客户的采购角色及地位。<br>提问客户初始目标类问题。 |

续 表

| | |
|---|---|
| 商机挖掘 | 分享目标清单。<br>探索其他关键人目标。<br>建议联系其他关键人。<br>讲述目标清单、成功故事。<br>确认是否客户关注的目标。<br>对照我方产品、方案辨别目标相关性。<br>应答礼貌回复并向经理汇报。<br>总结沟通内容及共识。<br>发送沟通总结邮件。<br>询问客户相关信息。<br>要求会见关键人或进行调研。<br>发送应答邮件 |

**表 7－7　　需求确认能力要素**

| | |
|---|---|
| 需求确认 | 提问、开放式探索、客户对关键问题的解决方法。<br>讲述应用场景。<br>确认客户解决关键问题的理想场景和效果。<br>总结初步诊断与需求确认总结。<br>选择发展为支持者的目标。<br>发展支持者。<br>发展流程验证和推进。<br>评估及优选验证方式。<br>确定验证方法。<br>回顾联系人、关键人目标。<br>探索关键人目标。<br>拓展关键人目标。<br>确认关键人目标。<br>梳理合作经营过程与共识。<br>确认合作经营过程与共识。<br>发送确认邮件 |

表 7-8　　方案形成能力要素

| | |
|---|---|
| 方案形成 | 制订方案制作与评审的初步计划。<br>评估方案制作与评审的初步计划。<br>组建方案制作小组并分工。<br>协调专家、顾问等团队资源。<br>收集前期与客户确认的工作记录。<br>制作方案简报。<br>诊断影响实施成功的可能原因。<br>创建实施愿景。<br>草拟项目实施计划。<br>沟通确认项目实施计划。<br>与客户共同填写产品配置清单。<br>拟订客户投资效益分析。<br>分析有形效益、无形效益。<br>绘制成本效益分析图表。<br>制作盈亏平衡点分析表。<br>建立项目阶段性“成功标准”。<br>评审方案内容与实施计划。<br>测算我方项目盈亏分析。<br>提议汇报评审会议。<br>确定双方参会人员及任务分配。<br>确认评审会议程、参会人员、时间地点等事项。<br>汇报解决方案。<br>与客户回顾及确认方案及内容。<br>发送评审总结邮件。<br>重新修订方案并再次召开评审会。<br>提议项目进程计划。<br>发送项目进程计划邮件。<br>与客户共同修订、确认项目进程计划 |

表 7－9 商务谈判能力要素

| | |
|---|---|
| 商务谈判 | 准备相互确认过的资料。<br>填写谈判准备表。<br>填写谈判策略与过程控制表。<br>避免销售谈判中的常见错误。<br>提交合同文本供客户方预审。<br>与客户共同商讨合同条款。<br>确认合同可确认内容并标明分歧。<br>与客户约定谈判具体日程。<br>控制节奏按既定策略与计划进行。<br>调整并控制心态与情绪。<br>总结谈判内容及成果。<br>签订谈判合同、备忘录 |

表 7－10 实现成交能力要素

| | |
|---|---|
| 实现成交 | 完成签约、开票、收款、发货。<br>控制按计划和时间进行，避免节外生枝。<br>书写销售总结。<br>归档，提交相关总结备案 |

表 7－11 商品争议处理能力要素

| | |
|---|---|
| 商品争议处理 | 电话、邮件约见。<br>自我介绍、说明来意、适当暖场。<br>与客户确认交流目标与流程，提问顾虑类问题。<br>确认客户顾虑原因。<br>列示客户异议原因。<br>应用“心灵共振”与“同理心”。<br>应用“太极推手”。<br>总结客户的顾虑解决程度及效果 |

表 7－12　　客户需求规划能力要素

| | |
|---|---|
| 客户需求规划 | 整理客户资料、历史拜访记录、确认邮件。<br>整理销售工具、案例、产品宣传册等资料。<br>列示客户角色、采购流程。<br>列示客户基本信息及拜访历史资料。<br>列示客户需求与期待。<br>审订单一销售目标。<br>列示单一销售目标中不确定因素。<br>拟订有效约见理由。<br>拟订期望的客户行动承诺。<br>检查行动承诺与采购流程、目标角色相关性。<br>列示未知信息（需求、角色、流程、变化等）。<br>编写各类问句的方式与内容。<br>检查提问顺序与逻辑。<br>列示针对客户概念的差异优势。<br>证明差异优势的真实性。<br>准备差异优势证明证据（资料、案例、证言等）。<br>列示客户可能的顾虑。<br>列示处理顾虑的方式与问句。<br>检查拜访准备逻辑、流程、资料及内容审查。<br>检查随身携带的工具与资料。<br>电话、邮件约见。<br>自我介绍、说明来意、适当暖场。<br>与客户确认交流目标与流程。<br>探索客户认为的下步计划。<br>提出承诺类问题（拜访前准备的）。<br>确认客户的行动承诺。<br>总结拜访主要内容及共识。<br>确认双方行动计划与行动承诺。<br>提问顾虑类问题。<br>确认客户顾虑原因。<br>列示客户异议原因。<br>应用异议处理技巧。<br>总结客户的顾虑解决程度及效果。<br>检查拜访准备表完成情况。<br>更新收集的信息。 |

续　表

| | |
|---|---|
| 客户需求规划 | 总结我们获取的新信息。<br>总结我们创造的差异化优势。<br>总结客户的行动承诺。<br>列举整个拜访中客户信任的表现。<br>列举整个拜访中客户不信任的表现。<br>列示获取客户更多的信任的方法。<br>发送拜访总结电子邮件 |

**表 7－13　　　　客户关系能力要素**

| | |
|---|---|
| 客户关系处理 | 探索客户期待与目标。<br>提问客户现状类信息。<br>提问客户难点、诊断、效益类问题。<br>提问客户态度类问题。<br>保持倾听心态、姿式、肢体语言。<br>黄金沉默技巧。<br>确认客户期待与需求。<br>探寻客户对需求的解决方案。<br>提问与客户合作经营解决方案。<br>客户理想场景呈现。<br>用证据证明差异优势。<br>确认客户对理想场景与差异优势的态度。<br>列示客户可能的顾虑。<br>列示处理顾虑的方式与问句。<br>拟订有效约见理由。<br>检查表达方式与内容。<br>拟订期望客户的行动承诺。<br>检查行动承诺与采购流程、目标角色相关性。<br>列示未知信息（概念、角色、流程、变化等）。<br>编写各类问句的方式与内容。<br>检查提问顺序与逻辑 |

表 7-14　销售策略能力要素

| | |
|---|---|
| 销售策略 | 列示客户单一销售目标。<br>列示客户需求与期待。<br>确定项目进度、漏斗阶段。<br>确定客户的紧急程度。<br>确定我们在竞争中的位置。<br>确定项目总体感觉、温度。<br>列示客户组织架构图。<br>列示项目客户采购角色结构。<br>列示全部项目关键人、潜在关键人。<br>辨别项目关键参与者角色。<br>检查未知角色或决策影响力。<br>判定客户角色的反馈模式。<br>讲述客户角色对现状、期望的认识。<br>列示证据证明客户的态度。<br>判定客户角色的支持程度。<br>列示证据证明客户的支持度。<br>讲述客户角色支持度的原因。<br>检查客户销售的总体阶段。<br>绘制客户每个角色参与度曲线。<br>标注客户每个角色的参与点。<br>列示客户内部政治关系链及冲突点。<br>列示客户每个角色现阶段参与度与影响力。<br>列示关键角色的部门、岗位、职责。<br>列示关键角色有关业务需求。<br>确定解决方案对关键角色的业务价值。<br>列示关键角色的年龄、学历、履历、性格等信息。<br>列示关键角色在组织中的位置与关系。<br>确定关键角色的个人利益。<br>标识优势与风险。<br>回顾项目总体形势与拆局分析。<br>列示客户关键诉求、我方优势与劣势。<br>列示各种可能采取的策略。<br>列示项目在我方无干扰情况下的走势。<br>确定项目总体策略。<br>制订 COACH 培训与发展策略。 |

续 表

| | |
|---|---|
| 销售策略 | 分别制订 EB、UB、TB 应对策略。<br>制订 EK、OC 应对策略。<br>列示每个角色的目标反馈与支持度。<br>列示面向每个角色下步具体目标与行动计划。<br>检查行动计划顺序。<br>列示资源列表。<br>列示可动用资源及动用方式。<br>列示资源成本及难易度。<br>列示针对每个角色的目标与行动计划。<br>匹配面向具体角色、目标的资源有效性。<br>制订资源使用计划。<br>检查资源使用有效性与成本。<br>申请资源协调与调动。<br>讲述与知会项目信息、行动目标与计划。<br>编写资源申请、协调邮件。<br>列示项目竞争对手名录。<br>列示竞争对手优势、劣势。<br>列示每个角色对每个对手的反馈与支持度。<br>判定关键角色对供应商排位。<br>回顾总体竞争策略。<br>修订行动目标、计划与资源部署。<br>总体检查。<br>预测行动之后的目标状态与局势。<br>确定行动计划（目标、任务、负责人、资源、时间）。<br>回顾客户关键人目标及解决方案。<br>检查我方能力证明及实施计划。<br>检查项目关键检查点。<br>分析项目形势分析。<br>制订项目策略。<br>制订价格策略。<br>制订组织工作计划。<br>制订组织预算。<br>合理管控组织成本。<br>制订公司、部门发展战略 |

表 7-15　经营思维能力要素

| | |
|---|---|
| 经营思维 | 收集客户名单及联系方式（网络、黄页、政府部门的企业名单等）。<br>讲述行业报告、国家产业政策等。<br>讲述客户业务流程、管理流程、生产流程、工艺、法律、客户、特殊要求等知识。<br>讲述行业发展屏障、竞争、困局等。<br>讲述行业发展方向、行业预测及先进技术等。<br>讲述该行业客户的通用及特殊需求。<br>讲述该行业客户的发展机遇。<br>讲述我们在该行业领域的机遇。<br>讲述特定客户在该行业的优势。<br>讲述我们在该行业的优势。<br>讲述客户在该行业的劣势。<br>讲述我们在该行业的劣势。<br>提问、开放式探索可诊断的关键问题。<br>提问针对客户关键问题的具体现状及诊断问题。<br>确认诊断结果及共识。<br>讲述公司文化、价值观。<br>讲述公司员工通用规章、制度。<br>讲述销售序列规范、制度。<br>设定自己在企业和社会中的位置。<br>规划未来发展方向及阶段里程碑。<br>提交销售文档及召开内部沟通会。<br>提交实施计划及注意事项。<br>引荐实施团队进驻。<br>制订针对客户的实施跟踪计划。<br>致电、邮件或拜访客户，以了解实施及服务情况。<br>定期联络（电话、邮件、拜访）。<br>节假日联络表示关怀。<br>总结客户实施过程中实现的阶段性价值。<br>确认客户实施过程中实现的阶段性价值。<br>讲述客户行业趋势、机遇。<br>讲述我们可以帮助客户把握机遇的方法。<br>持续经营 |

表 7－16　　经营管理能力要素

| | |
|---|---|
| 经营管理 | 设定组织目标。<br>设定个人工作目标。<br>回顾当天工作情况。<br>列举次日工作清单。<br>排序次日重要工作。<br>计划重要工作时间安排。<br>填写时间计划表。<br>选择与录用团队成员。<br>培养与启用团队成员。<br>给予精神激励。<br>制订物质激励。<br>建立团队目标与愿景。<br>以对方的方式去思考问题。<br>对既定事项服从安排。<br>调节团队内纷争。<br>提出建议并与团队协商。<br>使用有效沟通技巧。<br>分析项目停滞可能原因。<br>询问项目停滞原因。<br>项目停滞处理 |

表 7－17　　个人特质能力要素

| | |
|---|---|
| 个人特质 | 激发工作热情。<br>激发对成果的渴望。<br>分辨积极心态与消极心态范畴。<br>判断自己具有的积极心态、消极心态。<br>树立阳光思维。<br>建立应对压力、危机、事件的良好心态。<br>表现礼貌、专业、诚信的形象。<br>坚定价值观和荣辱观。<br>严格遵守规范、要求、计划、承诺。<br>不断进步并探索快速进步方法 |

# 8　市场营销专业职业教育分级标准构建

在市场营销专业职业教育分级标准的研究中，需要解决 3 个基本问题，如图 8-1 所示。

第一，能不能分级。其衡量的标准为，在对市场营销的职业岗位的调研结果进行分类、分级研究之后，构建出相对完善的市场营销的职业仓。这部分内容已经在前文中进行了详细阐述。

第二，划分等级标准的方法。它的关键要解决的问题是，必须找到市场营销职业岗位不同等级之间划分的标准。等级划分标准的形成可以通过以下路径实现：①从市场营销职业岗位中抽取并提炼有规律性的典型工作任务；②把每个典型工作任务按营销工作流程和完成的复杂程度进行任务分解；③将分解后的子任务进一步解构，直至细化为行为动作要素；④将这些行为动作要素结合具体的营销实施步骤、工具技巧方法，结合教育教学规律建构分级能力体系，形成分级教学标准。

第三，如何依据能力标准设计教学体系。

第四，根据职业能力分级标准来进行教学体系的构建。这部分内容将在后文进行阐述。

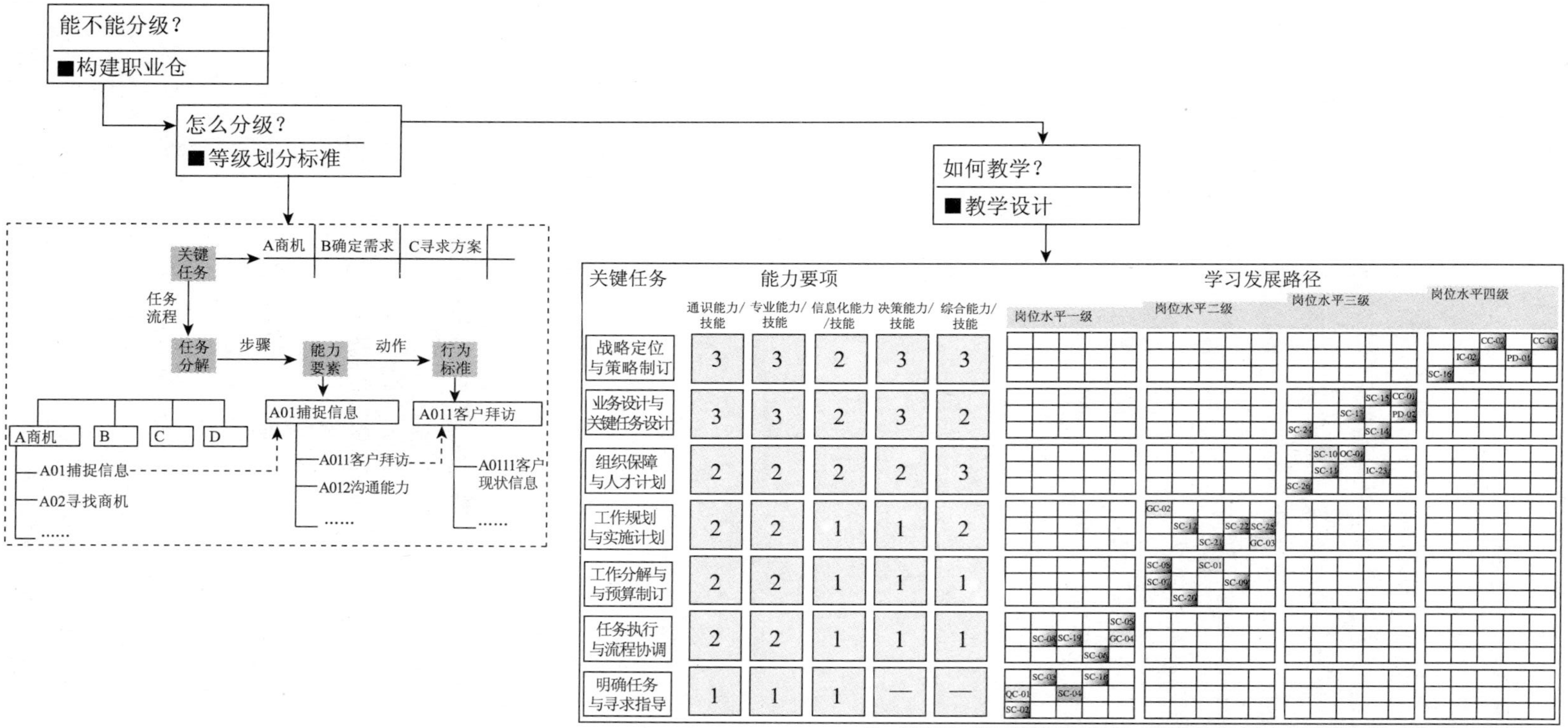


| 关键任务 | 通识能力/技能 | 专业能力/技能 | 信息化能力/技能 | 决策能力/技能 | 综合能力/技能 |
|---|---|---|---|---|---|
| 战略定位与策略制订 | 3 | 3 | 2 | 3 | 3 |
| 业务设计与关键任务设计 | 3 | 3 | 2 | 3 | 2 |
| 组织保障与人才计划 | 2 | 2 | 2 | 2 | 3 |
| 工作规划与实施计划 | 2 | 2 | 1 | 1 | 2 |
| 工作分解与与预算制订 | 2 | 2 | 1 | 1 | 1 |
| 任务执行与流程协调 | 2 | 2 | 1 | 1 | 1 |
| 明确任务与寻求指导 | 1 | 1 | 1 | — | — |

注：“岗位水平一级”可对应企业新入职员工；二级对应骨干级员工；三级对应经理级人员；四级可对应总经理级人员。

| 能力要项 | 代码 | 代码释义 | 构成要素 |
|---|---|---|---|
| 通识能力/技能 | GC | General Competency | 沟通、协作、学习、创新、逻辑、时间管理、项目管理 |
| 专业能力/技能 | SC | Specialty Competency | 研发、生产、供应、人力、财务、销售、市场 |
| 信息化能力/技能 | IC | Informationization Competency | 通过信息化工具获取、加工和应用信息 |
| 决策能力/技能 | PD | Policy Decision Competency | 市场洞察、战略规划 |
| 综合能力/技能 | CC | Composite Competency | 系统思考、结构思维、上传下达、横向协作 |

| 学习形式与标识说明 | | | |
|---|---|---|---|
| 学习形式 | 颜色 | 举例 | 举例说明 |
| 体验式 | | GC-03 | 采用体验式教学的供应链沙盘 |
| 情景式 | | PD-01 | 采用情景化教学的BQ实验室 |
| 其他 | | CC-03 | 其他教学形式的创新创业实训基地 |

**图 8-1　市场营销分级标准研究框架**

## 8.1 典型工作任务提取

典型工作任务是各行中的销售职业岗位都离不开的那些关键工作任务，其具有明显的销售标志和成果（或阶段性成果）。典型工作任务的提取方法在国内外目前采用最多的是德国职业教育中的专家经验法和泰勒管理方法中最重要的现场观测法。但是，市场营销职业特点带有很强的不确定性和随机性，其职业岗位依附的行业企业最多，环境变化影响最大，职业岗位性质跨度最大，依据专家经验和现场观测方法都可能造成以偏概全的情况。

以销售典型工作任务提取为例，人的购买需求和心理需要是销售工作的起点，没有消费者的心理需要和购买需求很难开展销售工作。可以说，销售工作任务以及销售任务流程主要依据消费者在购买过程中各个阶段的诉求特点开展工作，以满足消费者阶段性诉求，实现消费者各个阶段的目的和愿望。因此，销售内容是由一系列满足消费者购买阶段中的各心理需要的工作内容组成的。如图 8－2 所示。

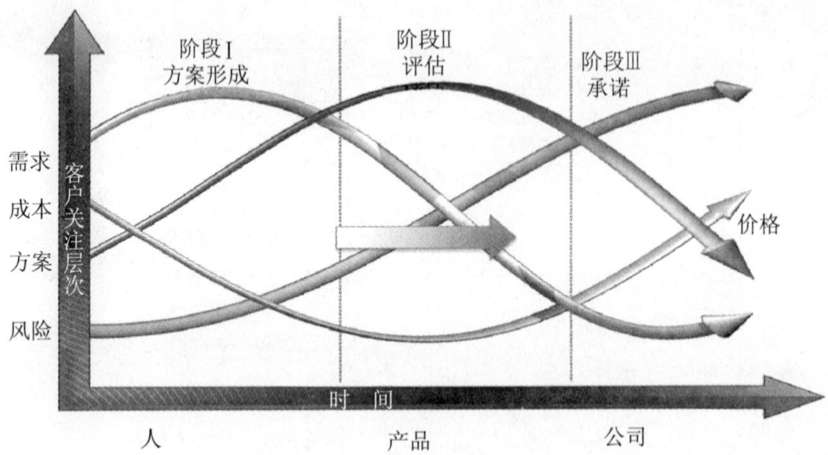


**图 8－2　消费需求关注点变化图**

从图中可以看出，消费者需求关注点随着不同购买阶段而发生变化，可将消费者在购买过程中的诉求要素分为风险、方案、成本、对销售工作人员的需求 4 个方面，其购买阶段分为方案形成阶段、评估阶段和承诺阶段。消费者在第一阶段即方案形成阶段，对自我需求形成模糊感觉，方案逐渐形成，在这个阶段更依赖销售人员，从图中可以看出需求曲线最高，销售人员工作重点是明确需求，帮助消费者确定购买方案。进入第二阶段即评估阶段，消费者的需求重心转移到对产品的功能、质量、价格、包装等价值判断和衡量上，销售人员重点帮助消费者锁定具体要购买的产品，从图中可以看出，方案曲线达到最高。进入第三阶段，消费者关注点又从产品转向了公司对产品和服务的承诺，销售人员的工作重点转向服务和售后承诺，增加信任和降低风险，给消费者更多让利。

因此，典型工作任务提取方法来自于消费者购买心理以及购买行为和需求，依据购买阶段确定销售流程，依据销售流程确定各流程的技术规范（销售方法、信息、工具、标准性动作等），最终形成典型工作任务，如图 8－3 所示。

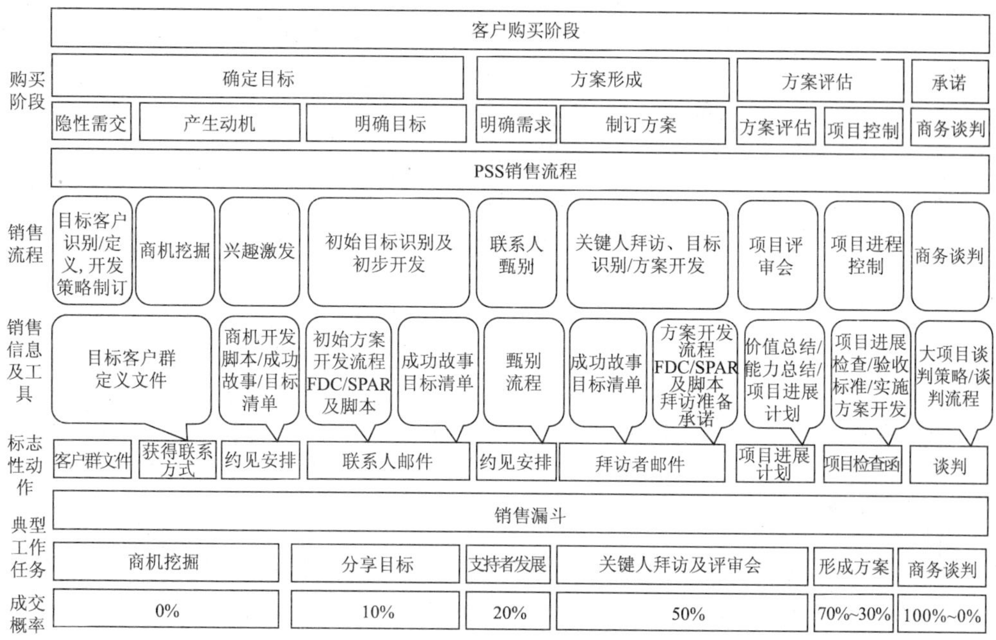


**图 8－3　典型工作任务提取方法示意图**

从图 8－3 中可以看出，消费者的购买阶段分为“确定目标”、“方案形成”、“方案评估”和“承诺”；每个阶段对应的销售工作流程包括“目标客户识别/定义开发策略制订”、“商机挖掘”、“兴趣激发”、“初始目标识别及初步开发”等；分析每个营销工作流程的销售信息、工具方法包括“目标客户定义（项目销售采用目标客户群定义）”等；标志性动作包括“形成目标客户定义文件”、“获得联络方式”等，将行为动作进行结构化流程化整理，形成“商机挖掘”、“商务谈判”等典型工作任务，这些典型工作任务涵盖了销售形态和模式，不仅包含 C2C 的门店销售、快消、耐消等业态，同时也包括 C2B 的大项目销售。

## 8.2 专业标准建构

市场营销专业职业仓明确了各类各级的工作性质和内容特征。以职业仓中销售类职业为例，1～5 级销售专业对应的工作性质及其特征可归纳如表 8-1 所示。

表 8-1　销售 1～5 级专业对应的职业工作及特征

| 分级 | 工作性质 | 特征 |
|---|---|---|
| 5 级 | 区域销售管理 | 销售系统管理 |
| 4 级 | 项目销售 | B2B，一对多 |
| 3 级 | 工业品直销 | B2B，一对多 |
| 2 级 | 耐消品直销 | C2C，B2C，一对一 |
| 1 级 | 门店快消品 | C2C，一对一 |

由表 8-1 可以看出，销售专业分级 1～5 级针对的职业岗位工作呈现差异性，1～3 级销售面向商业领域，销售中的工作任务较 4～5 级更简单。划分每个级别的专业教学标准，仅仅区分职业岗位的工作差异还不够，还要将这些工作所要求的素质能力进行界定和区分，才能被分级教学所用。营销分级标准设计方法（以销售类为例）如图 8-4 所示。例如，各级销售需要具备什么能力，可以先确定销售的关键工作任务，将销售中的一般能力找到，然后还要将不同销售模式下的或者带有不同行业销售特征的能力找到，这就需要对职业岗位工作任务作进一步的分析了。

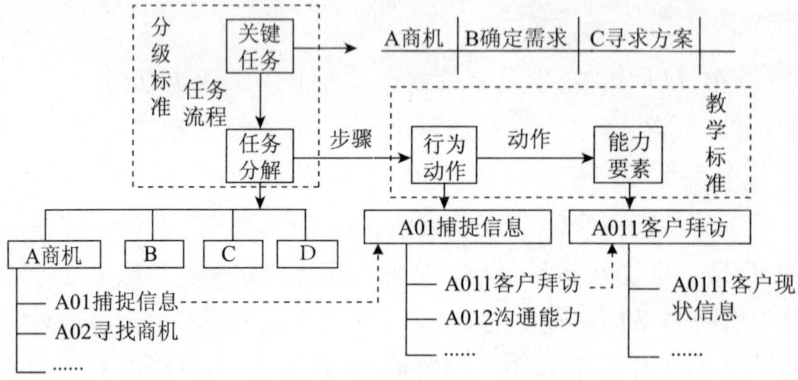


图 8-4　分级标准研究模型（以销售类为例）

第一，按照销售流程和销售内容确定了“商机挖掘→确定需求→寻求方案→商务谈判→成交→售后服务”典型工作任务以后，按难易程度进行拆分，分解为若干子任务。如表 8－2 所示。

**表 8－2　　销售岗位典型工作任务分解**

| 关键任务＼编号 | 01 | 02 | 03 | 04 | 05 | 06 |
|---|---|---|---|---|---|---|
| A 商机挖掘 | 捕捉上门商机 | 寻找显性商机 | 挖掘潜在商机 | 客户经营 | 市场规划 | |
| B 确定需求 | 明确客户问题 | 挖掘客户需求 | 客户需求规划 | 目标市场需求分析 | 目标市场需求预测 | |
| C 形成方案 | 产品推荐 | 采购方案制订 | 方案价值分析 | 采购方案呈现 | 方案模型规划 | 产品规划 |
| D 商务谈判 | 价格谈判 | 组合谈判 | 复杂谈判 | | | |
| E 成交 | 现场成交 | 合同签订 | 商务收款 | 商务标准设定 | | |
| F 售后服务 | 商品争议处理 | 客户关系管理 | | 客户满意度监测 | 售后服务体系设置 | |
| G 销售策略 | 组织采购决策判断 | 制订项目竞争策略 | 制订市场竞争策略 | 定价及渠道策略 | | |
| H 销售管理 | 个人管理 | 业绩管理 | 销售团队管理 | 渠道管理 | 流程管理 | 营销模式管理 |

市场类典型工作如表 8－3 所示。

表 8-3 市场类工作关键任务

| 典型任务<br>编号 | A 营销战略 | B 市场洞察 | C 顾客关系 | D 产品管理 | E 价值沟通 | F 公共关系 | G 营销管理 |
|---|---|---|---|---|---|---|---|
| 01 | A01 建立战略业务单元 | B01 收集信息 | C01 顾客数据库管理 | D01 制作产品辅助资料 | E01 市场活动策划 | F01 舆情监控 | G01 费用管理 |
| 02 | A02 制订品牌战略 | B02 信息统计 | C02 顾客信息分析 | D02 产品价值管理 | E02 市场文案撰写 | F02 媒体关系维护 | G02 价格控制 |
| 03 | A03 制订营销计划 | B03 信息分析 | C03 顾客关系维系 | D03 追踪产品生命周期 | E03 广告方案制订 | F03 政府关系维护 | G03 团队管理 |
| 04 | A04 制订目标市场战略 | B04 形成营销决策 | C04 顾客价值管理 | D04 产品研发过程管理 | E04 媒体监控 | F04 公众关系维护 | G04 渠道管理 |
| 05 | A05 制订市场竞争策略 | B05 制订调研计划 | | D05 产品规划 | E05 媒体决策及评估 | F05 危机公关处理 | G05 营销模式管理 |
| 06 | | B06 确定调研目标 | | D06 产品战略制订 | E06 促销方案制订 | F06 公关策略制订 | |
| 07 | | | | D07 产品 4P 策略制订 | | | |

第二，通过分解八大典型工作任务，得出 37 个子任务，继续分解每个子任务，形成若干工作步骤。以销售岗位典型工作任务“A 商机挖掘”中的 5 个子任务为例，其可以分解成A01～A05几个基本步骤，如表 8-4 所示。

表 8-4　　“A 商机挖掘”子任务分解形成的基本步骤

| A 商机挖掘 | 基本步骤 |
| --- | --- |
| A01 捕捉上门商机 | 迎接客户—分辨潜在客户—导购开场激发兴趣—确定购买阶段 |
| A02 寻找显性商机 | 确定目标客户群特征—搜索目标客户群信息—定义标准商机开发话术及文件—确定开发方法—实施开发过程—确定购买阶段—确认销售机会 |
| A03 挖掘潜在商机 | 确定目标客户群特征—搜索目标客户群信息—定义标准商机开发话术及文件—确定开发方法—实施开发过程—确定购买阶段—确认销售机会 |
| A04 客户经营 | 选择理想客户—定义客户业务问题—了解客户行业现状及机遇—识别客户业务发展方针—确定合作领域—沟通合作目标—确定合作计划 |
| A05 市场规划 | 分析营销环境—规划目标市场—分析目标市场趋势及投资回报率—建立理想客户模型 |

其中，A02、A03 基本步骤是一样的，但任务的难度，所需的工具、方法、技巧是不同的，所需的知识支撑也是不同的。

第三，将表 8-4 中的子任务及其基本步骤进一步解构直至动作行为，例如，分解图 8-4 分级标准研究模型中的 A01 捕捉上门商机，形成 A011 客户拜访，继续分解到构成能力要素的动作、行为，如表 8-5 所示。

表 8-5　　销售任务—动作分解

| 子任务 | 步骤 | 动作/行为 |
| --- | --- | --- |
| A01 捕捉上门商机 | A013 导购开场激发兴趣 | 准备——客户信息 |
| | | 准备——客户问题清单/成功故事/话术 |
| | | 自我准备——心态、状态 |
| | | …… |
| | A014 确定购买阶段 | …… |
| | | …… |

第四，根据任务的动作/行为分解所需要的工具、知识、能力标准及评价等几个要素进行分析，完成从职业标准到教育标准的转化。以 A01～A05”为例，分析结果如表 8-6 所示。

通过对典型工作任务层层解构，形成职业教育标准的知识、素质、能力等构成要素，将典型工作任务与专业分级建立联系。

第五，将专业 1～6 级与典型工作任务和能力要素建立联系，形成职业教育分级能力划分等级标准，以销售专业分级能力为例，如表 8-7 所示。

表 8-6　从职业标准到教育标准的转化分析

| 编号 | 工作任务 | 步骤 | 工具/技巧 | 专业知识 | 专业技能 | 标准 |
| --- | --- | --- | --- | --- | --- | --- |
| A01 | 捕捉上门商机 | 迎接客户；<br>分辨潜在客户；<br>导购开场激发兴趣；<br>确定购买阶段 | 迎宾商务礼仪；<br>迎宾标准话术；<br>导购开场的 4 个有效方法及 6 个最佳时机；<br>兴趣激发标准话术 | 消费购买心理；<br>商品知识 | 消费者迎合技巧 | 能够有效捕捉上门商机 |
| A02 | 寻找显性商机 | 确定目标客户群特征；<br>搜索目标客户群信息；<br>定义标准商机开发话术及文件；<br>确定开发方法；<br>实施开发过程；<br>确定购买阶段；<br>确认销售机会 | 潜在客户定义标准；<br>潜在客户信息表；<br>商机开发标准话术及文档；<br>商机评估标准；<br>商机开发管理表；<br>商机跟踪记录 | 消费者购买心理；<br>电话销售基本原理；<br>商机的定义及分类；<br>商品知识 | 客户迎合技巧；<br>电话商机开发方法；<br>邮件开发方法；<br>市场行业开发方法 | 能够挖掘显性商机 |
| A03 | 挖掘潜在商机 | 确定目标客户群特征；<br>搜索目标客户群信息；<br>定义标准商机开发话术及文件；<br>确定开发方法；<br>激发购买兴趣；<br>实施开发过程；<br>确定购买阶段；<br>确认销售机会 | 潜在客户定义标准；<br>潜在客户信息表；<br>顾客数据库；<br>商机开发标准话术及文档；<br>潜在客户兴趣清单；<br>商机评估标准；<br>商机开发管理表；<br>商机跟踪记录 | 消费者购买心理；<br>电话销售基本原理；<br>商机的定义及分类；<br>商品知识；<br>目标客户行业基本知识；<br>客户购买动机 | 客户迎合技巧；<br>电话商机开发方法；<br>邮件开发方法；<br>市场行为开发方法；<br>引发购买兴趣的技巧 | 能够独立挖掘潜在商机 |

续 表

| 编号 | 工作任务 | 步骤 | 工具/技巧 | 专业知识 | 专业技能 | 标准 |
|---|---|---|---|---|---|---|
| A04 | 客户经营 | 选择理想客户；<br>定义客户业务问题；<br>了解客户行业现状及机遇；<br>识别客户业务发展方针；<br>确定合作领域；<br>沟通合作目标；<br>确定合作计划 | 理想客户定义标准；<br>顾客数据库；<br>TMI 业务原型；<br>SWOT 分析模型 | 市场营销基本原理；<br>大客户管理；<br>消费行为学；<br>组织间采购基本原理；<br>目标客户行业知识；<br>购买决策模型 | 目标行业分析；<br>制订客户经营投资策略；<br>管理与识别大客户；<br>管理客户关系；<br>计算客户终身价值 | 能够独立地识别客户发展问题，利用自身优势帮助客户发展机遇，从而实现销售 |
| A05 | 市场规划 | 分析营销环境；<br>规划目标市场；<br>分析目标市场趋势及投资回报率；<br>建立理想客户模型 | 理想客户标准；<br>顾客数据库；<br>TMI 业务原型；<br>SWOT 分析模型 | 市场营销基本原理；<br>市场调研基本原理；<br>大客户管理；<br>消费行为学；<br>组织间采购基本原理；<br>目标客户行业知识；<br>购买决策模型 | 市场调研；<br>分析宏观微观市场环境；<br>销售区域规划；<br>销售行业规划；<br>分析细分市场趋势；<br>计算细分市场投资回报率；<br>建立理想客户模型 | 能够对市场环境进行调研与分析，对目标市场进行规划，分析投资回报率，并建立理想客户模型 |

表 8-7　销售类岗位—能力分级框架

| 分级 | 任务 | 适用岗位 | 能力 |
| --- | --- | --- | --- |
| 6 | A04、A05、D05、E03、E04、G04、G05、G06、H01、H02、H03、H04、H05 | 销售总监、营销副总裁 | 销售数据分析与决策、销售流程设计、销售模式创新、变革管理 |
| 5 | A04、B04、B05、B06、C03、C04、D03、D04、D05、E03、F02、F03、F04、F05、G04、G05、G06、H01、H02、H03、H04 | 销售主管、销售经理 | 客户经营与管理能力、区域销售规划、行业销售规划、销售预测与业绩管理、销售团队管理 |
| 4 | A03、A04、B04、B05、B06、C03、C04、D03、D04、E03、F02、F03、F04、F05、G01、G02、G03、G04、G05、H01 | 项目销售经理、大客户销售 | 顾问式销售、解决方案销售、大客户维护与发展、销售策略 |
| 3 | A03、B04、B05、B06、C03、C04、D03、D04、E01、E02、F02、F03、F04、F05、G01、G02、G03、G04、H01 | 项目销售代表 | 项目操作技巧、谈判能力、简单项目分析与评估能力 |
| 2 | A01、A02、B01、B02、B03、C01、C02、D01、D02、E01、E02、F01、F02、G01、G04、H01 | 产品直销、销售助理、电话销售 | 商机挖掘、简单问询技巧、客户心理、电话销售技巧 |
| 1 | A01、B01、B02、B03、C01、C02、D01、D02、E01、F01、G01、H01 | 门店销售、营业员、收银员 | 基本礼仪、迎合技巧、FAB、话术 |

# 8.3　能力标准划分

## 8.3.1　能力编码

能力体系中各项目都有相应的识别代码。每项能力指标均由 11 位字母和数字组成，编码方法是：专业编码＋能力类型编码＋能力项编码＋能力指标编码＋能力标准编码。

如销售专业的专业编码是 SAL，社会能力类型用 SO 表示，职业能力用 VA 表示，发展能力用 DE 表示，8 个能力项分别用英文字头前两个字母表示，销售能力指标共 36 项，从 01～36 排列，能力要素也从 01 开始顺序排列，如表 8－8 所示。因此销售能力之一可以用代码表示为：SALSOMO0101。

**表 8－8　　能力编码规则表**

| 专业编码 | 能力类型 | 能力项 | 能力指标 | 能力（动作/行为）标准 |
|---|---|---|---|---|
| SAL | 社会能力 SO | 道德责任 MO | 遵守法律 01 | 01 讲述——《刑法》中商业贿赂相关条款 |
| | | | 规范行为 02 | |
| | | | 承担责任 03 | |
| | | 健康环保 HE | 公益环保 04 | |
| | | | 身心健康 05 | |
| | | 沟通合作 CO | 团队合作 06 | |
| | | | 人际沟通 07 | |
| | | | 冲突管理 08 | |
| | 职业能力 VA | 专业能力 PR | 商机挖掘 09 | |
| | | | 需求确认 10 | |
| | | | 方案形成 11 | |
| | | | 商务谈判 12 | |
| | | | 实现成交 13 | |
| | | | 商品争议处理 14 | |
| | | | 客户需求规划 15 | |
| | | | 客户关系处理 16 | |
| | | | 销售策略 17 | |

续 表

| 专业编码 | 能力类型 | 能力项 | 能力指标 | 能力（动作/行为）标准 |
| --- | --- | --- | --- | --- |
| SAL | 职业能力VA | 与专业相关的能力RE | 客户导向 18 | |
| | | | 商业洞见 19 | |
| | | | 分析思维 20 | |
| | | | 职业认知 21 | |
| | | | 组织能力 22 | |
| | | | 影响能力 23 | |
| | | | 解决问题 24 | |
| | | | 个人业绩管理 25 | |
| | | | 成功导向 26 | |
| | | | 自信心 27 | |
| | | | 坚持不懈 28 | |
| | 发展能力DE | 学习能力 LE | 基础知识与工具 29 | |
| | | | 跨专业知识技能 30 | |
| | | | 学习与创新 31 | |
| | | | 自我完善与发展 32 | |
| | | 信息能力 IN | 收集、分析、组织信息能力 33 | |
| | | | 应用技术能力 34 | |
| | | 创业能力 SB | 解决问题能力 35 | |
| | | | 经营决策能力 36 | |

市场营销（销售）4 级标准体系中包括社会能力（SO）、职业能力（VA）和发展能力（DE）3 个类型构成。每个能力类型包括若干能力指标，3 个能力类型总共有 36 项能力指标。其中，社会能力包括 8 项能力指标，职业能力包括 20 项能力指标，发展能力包括 8 项能力指标。

## 8.3.2 社会能力

社会能力包括身心健康、遵守法律、产品环保、规范行为、承担责任、公益环保、人际沟通、冲突管理和团队合作，如表 8－9 所示。社会能力指标比较抽象，也比较隐性，无法通过知识传授获得，必须通过工作载体使其具体化、显性化，学习者只有通过具体工作过程才能得以体验和显现，由此分解能力要素。

表 8-9 社会能力指标

| 能力类型 | 能力指标 | 能力要素（评价标准） |
| --- | --- | --- |
| 社会能力 | 身心健康 | 01 讲述工作现场及人身安全规范 |
| | | 02 讲述产品安全 |
| | | 03 制订身心调整计划 |
| | | 04 调整身心状态 |
| 社会能力 | 遵守法律 | 05 讲述基本法律、法规教育 |
| | | 06 讲述《消费者权益保障法》 |
| | | 07 讲述《合同法》 |
| | | 08 讲述《刑法》中商业贿赂相关条款 |
| | | 09 讲述《反不正当竞争法》 |
| | | 10 讲述国际贸易有关法律法规 |
| | 规范行为 | 11 遵守职业道德规范 |
| | | 12 讲解商业惯例、行业惯例及处理流程 |
| | 承担责任 | 13 示范一定的社会责任感 |
| | | 14 完成本职工作 |
| | | 15 促进完成团队目标 |
| | 公益环保 | 16 讲述节约行为规范 |
| | | 17 实践节约行为 |
| | | 18 节约水电、打印纸等办公用品 |
| | | 19 宣传节约理念，促进节约行动 |
| | | 20 提出节约方面的建议 |
| | | 21 遵守基本环保法规要求 |
| | | 22 遵守产品环保的有关规定 |
| | 人际沟通 | 23 表达个人想法 |
| | | 24 协调肢体语言与表达本意 |
| | | 25 利用相关的数据、案例、信息支持沟通 |
| | | 26 分享个人经验、知识和案例 |
| | 冲突管理 | 27 控制情绪压力 |
| | | 28 规划时间安排 |
| | | 29 设计冲突解决流程 |
| | 团队合作 | 30 宣扬团队目标 |
| | | 31 鼓励领导团队成员工作 |
| | | 32 提供团队工作、相互学习的机会 |
| | | 33 善于和团队成员沟通 |

销售专业1～6级中的社会能力分布如表8－10所示。可以看出，销售1级社会能力要素共有16个，级别越高承担的社会责任越多，能力要素数量越多，销售1～5级的社会能力随着级别的提高呈现出能力要素数量相应增加的总体趋势。

**表8－10　销售专业各级中的社会能力分布**

| 销售分级能力 | 1 | 2 | 3 | 4 | 5 | 6 |
|---|---|---|---|---|---|---|
| 社会能力汇总 | 16 | 18 | 23 | 25 | 26 | 30 |
| 遵守法律 | 2 | 2 | 4 | 4 | 6 | 6 |
| 规范行为 | 1 | 2 | 2 | 2 | 2 | 2 |
| 承担责任 | 2 | 2 | 2 | 3 | 3 | 3 |
| 公益环保 | 6 | 6 | 7 | 7 | 4 | 5 |
| 身心健康 | 4 | 4 | 4 | 4 | 4 | 4 |
| 团队合作 | 0 | 0 | 2 | 1 | 2 | 4 |
| 人际沟通 | 1 | 2 | 2 | 1 | 2 | 3 |
| 冲突管理 | 0 | 0 | 0 | 3 | 3 | 3 |

### 8.3.3　专业能力

在专业能力的描述上，真正地站在用户角度，用企业化的语言来描述教育目标的定位要求，建立企业界与教育界的沟通“媒介”。

传统的职业教育目标主要是对知识、能力、素质等方面做描述性的、定性的规定，而对能力和素质的定性描述很难落实到教学实践活动中，这使职业教育的教学与评价不得不避重就轻，侧重知识的传授与考核，职业教育落入学科体系的“窠臼”，从而使学生的职业能力培养变成一纸空文。

针对传统职业教育目标定位存在的问题，通过大量的企业调研，对销售职业进行深入的剖析，将销售职业分解成若干“动作”，用“动作”的数量和难度来描述不同职业教育级别的差异，根据布鲁姆的理论，这些动作可分为6个层次，如表8－11所示。

表 8－11　　销售职业分解六层次

| 层次 | 技能 | 动作关键词举例 |
|---|---|---|
| 知道 | 对信息的回忆或识别 | 列表，定义，陈述，呈现，排列 |
| 领会 | 理解信息材料的含义 | 描述，解释，区别，重述 |
| 应用 | 不同环境之间的转换 | 应用，分类，举例说明，解决 |
| 分析 | 确定组成部分及其关联程度 | 分析，检查，实验，组织，对比，比较 |
| 综合 | 将各部分合成新的整体 | 建立，设计，开发，计划，支持 |
| 评价 | 根据标准判定价值或用处 | 辩明，辩护，证明，预测，预言，支持 |

通过动作设计，使得市场营销专业的职业教育真正做到“从职业出发”。正是通过这些动作，“轻而易举”地将职业任务转化为教育任务，使得后期的“课相”教学设计有了基础，学生的职业能力的培养能够“看得见”、“摸得着”。

由于研究样本的可能的代表性问题以及随着营销实践的发展所带来的变化，具体动作设计的科学性和代表性可能有待于进一步商榷和完善，但是这里解构到动作的方法可以提供一种系统解构职业标准的方法，为构建职业教育标准奠定基础。

销售专业 1～6 级中的专业能力分布如表 8－12 所示。专业能力共 285 个要素分布在 1～6 级内。可以看出，销售 1 级专业能力要素共有 27 个，级别越高需要的专业能力越多，能力要素数量也越多。同样，销售 1～6 级的专业能力随着级别的提高，呈现出能力要素数量增多的总体趋势。

表 8－12　　销售专业能力各级分布

| 销售分级能力 | 1 | 2 | 3 | 4 | 5 | 6 |
|---|---|---|---|---|---|---|
| 社会能力汇总 | 27 | 69 | 82 | 231 | 185 | 204 |
| 商机挖掘 | 23 | 32 | 30 | 23 | 14 | 15 |
| 需求确认 | 0 | 16 | 8 | 16 | 16 | 16 |
| 方案形成 | 0 | 0 | 11 | 27 | 23 | 22 |
| 商务谈判 | 0 | 0 | 12 | 12 | 11 | 12 |
| 实现成交 | 0 | 4 | 0 | 4 | 0 | 0 |
| 商品争议处理 | 0 | 0 | 1 | 2 | 2 | 5 |
| 客户需求规划 | 0 | 0 | 5 | 37 | 7 | 11 |

续 表

| 销售分级能力 | 1 | 2 | 3 | 4 | 5 | 6 |
| --- | --- | --- | --- | --- | --- | --- |
| 客户关系处理 | 0 | 0 | 0 | 9 | 9 | 15 |
| 销售策略 | 0 | 0 | 0 | 62 | 63 | 69 |
| 经营思维 | 2 | 3 | 4 | 22 | 27 | 25 |
| 经营管理 | 2 | 7 | 6 | 12 | 10 | 10 |
| 个人特质 | 0 | 7 | 5 | 5 | 3 | 4 |

### 8.3.4 发展能力

发展能力包括基础知识与工具，跨专业知识技能，学习与创新，自我完善与发展，收集、分析、组织信息能力，应用技术能力，解决问题能力和经营决策能力。如表 8-13 所示。

**表 8-13　　发展能力指标**

| 能力类型 | 能力指标 | 能力要素（评价标准） |
| --- | --- | --- |
| 发展能力 | 基础知识与工具 | 01 掌握计算机基础知识<br>02 熟悉网上查询工具<br>03 熟练掌握 PPT 技术及商业演讲方法<br>04 了解 Excel 基础应用功能<br>05 了解消费心理学、商品学知识<br>06 了解多媒体技术 |
| | 跨专业知识技能 | 07 了解企业管理、经济学基础知识<br>08 熟悉财务报表<br>09 掌握财会操作实务<br>10 了解电子贸易、金融基础知识及应用 |
| | 学习与创新 | 11 学会自我学习、独立思考<br>12 能从不同角度观察事物<br>13 辩证灵活地看待问题<br>14 掌握持续不断改进的方法<br>15 能够辨别问题并设计解决方法<br>16 了解、接受新事物 |

续 表

| 能力类型 | 能力指标 | 能力要素（评价标准） |
| --- | --- | --- |
| 发展能力 | 自我完善与发展 | 17 发展自我兴趣<br>18 善于从书本和实践中学习<br>19 及时总结经验教训<br>20 不断反省、反思<br>21 促使他人进步和成长 |
| | 收集、分析、组织信息能力 | 22 学会利用图书馆<br>23 应用计算机和互联网信息搜集处理功能<br>24 学习、拓展收集信息渠道<br>25 了解信息组织的逻辑化或结构化方法 |
| | 应用技术能力 | 26 掌握数据挖掘软件操作<br>27 了解网页制作方法<br>28 掌握网络营销方法<br>29 学习调研数据分析方法<br>30 了解金融数据分析方法<br>31 学习多媒体工具使用方法<br>32 掌握商务谈判技术<br>33 了解国际贸易实务<br>34 运用至少一门外语进行听说 |
| | 解决问题能力 | 35 能够界定问题<br>36 善于组织和利用资源<br>37 学习、判断问题<br>38 了解分析问题和解决问题的流程 |
| | 经营决策能力 | 39 学习创业<br>40 了解市场环境<br>41 学习组织和带领团队<br>42 学习制订战略的方法<br>43 能够规划赢利方法 |

销售专业 1～5 级中的发展能力分布如表 8－14 所示。从表中可以看出，销售 1 级发展能力要素共有 12 个，随着高级别发展空间加大，职业拓展需要和个人思维结构、知识结构逐渐成熟，发展能力要素数量越来越多。销售 1～6 级的发展能力随着级别的提高，呈现出能力要素数量也随之增多的总体趋势。即使都选择了同一个能力要素，其达到的程度、具体的要求难度以及内容的深度也可能是不一样的，

往往专业等级越高，难度、深度和复杂程度越高。

表 8-14　　发展能力各级分布

| 销售分级能力 | 1 | 2 | 3 | 4 | 5 | 6 |
|---|---|---|---|---|---|---|
| 发展能力汇总 | 12 | 14 | 20 | 27 | 36 | 43 |
| 基础知识与工具 | 2 | 2 | 3 | 4 | 4 | 6 |
| 跨专业知识技能 | 1 | 1 | 1 | 2 | 3 | 4 |
| 学习与创新 | 3 | 3 | 4 | 5 | 5 | 6 |
| 自我完善与发展 | 3 | 3 | 4 | 4 | 5 | 5 |
| 收集、分析、组织信息能力 | 1 | 2 | 3 | 3 | 4 | 4 |
| 应用技术能力 | 1 | 2 | 3 | 5 | 7 | 9 |
| 解决问题能力 |  |  | 1 | 2 | 4 | 4 |
| 经营决策能力 | 1 | 1 | 1 | 2 | 4 | 5 |

## 8.4　能力体系分析

能力体系分析主要从两方面入手。一方面通过分析能力体系的纵向演变过程，研究从 1 级到 5 级的变化特点，对课程开发提供基础支撑；同时，对构建职业教育终身教育体系提供灵活的教学入口、个性化的学习路径以及弹性的教学过程。另一方面，通过横向分析同一级别的能力要素组成特征，分析人才培养规格特点，同时也为课程开发结构和内容界定提供基础支撑。

### 8.4.1　能力体系的横向比较

以市场营销（销售）专业为例，每级销售能力数量和各能力间的数量对比如图 8-5 至图 8-10 所示。这里需要说明的是，销售能力无法全部通过数量表现，例如，同为信息搜集，个人消费者的信息搜集和大工业项目销售的信息搜集，其内涵、难度、复杂程度、方式方法甚至工具步骤都是不同的，因此，级别之间即使数量相同，其内涵也可能是不同的。

以能力指标横向来看：

①1 级能力数量最少，然后依次增加，5 级能力数量最多，在能力总数和每级中各项之间能力数均呈递增趋势；

②在 1 级到 5 级中，职业能力（操作能力及相关岗位群能力）是各项能力中的

主要能力，反映为职业能力数在每个级别各项能力中分布最多；

③职业外的社会能力和发展能力灵活性大、范围广。

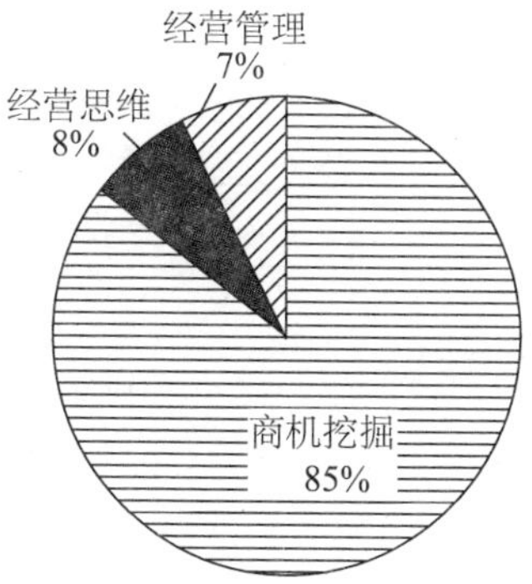


图 8-5　销售 1 级能力结构图

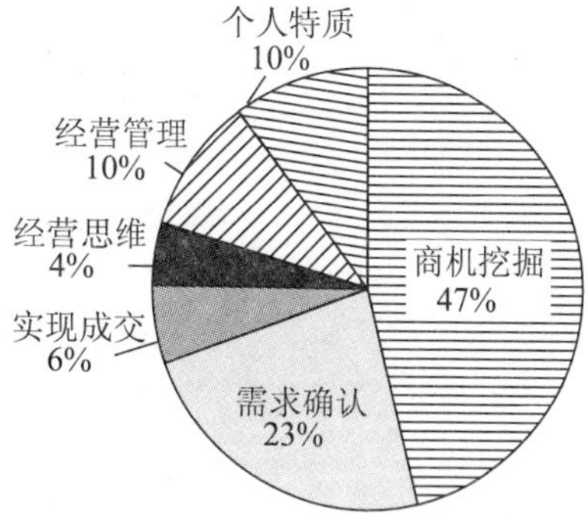


图 8-6　销售 2 级能力结构图

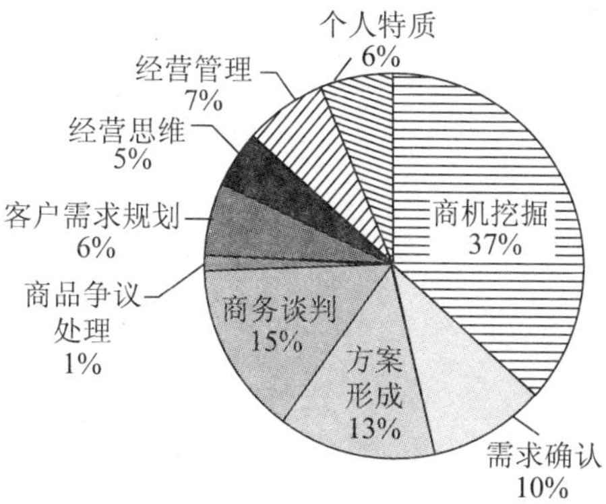


图 8-7　销售 3 级能力结构图

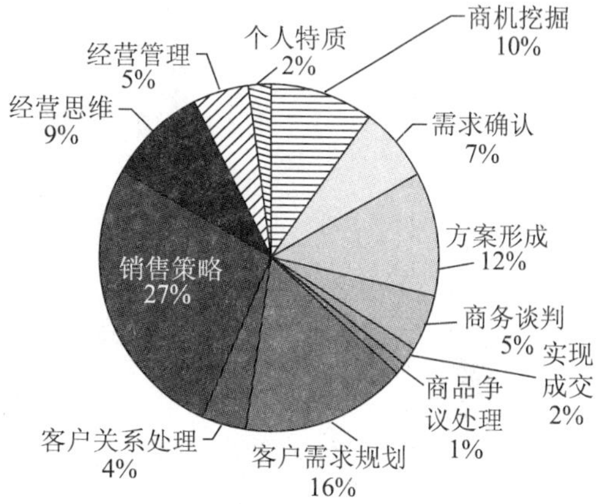


图 8-8　销售 4 级能力结构图

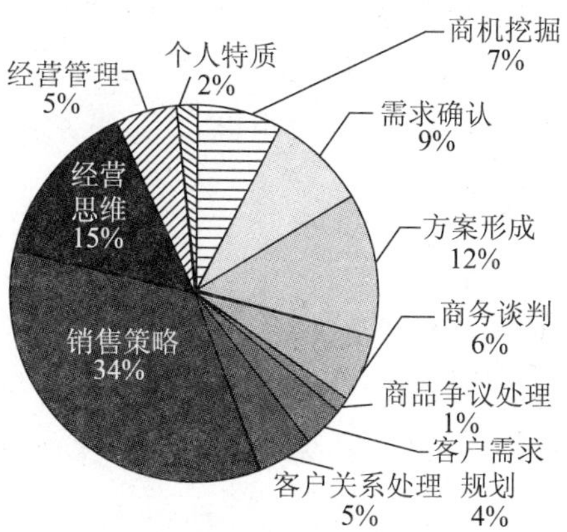


图 8-9　销售 5 级能力结构图

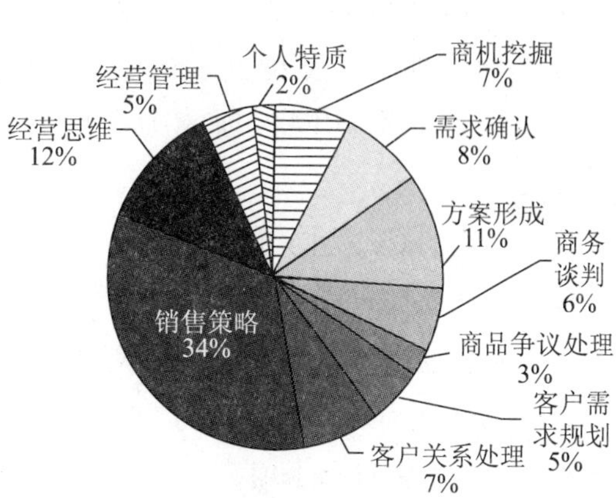


图 8-10　销售 6 级能力结构图

## 8.4.2 能力体系的纵向比较

市场营销（销售）专业各级能力结构纵向统计如图 8－11 所示。

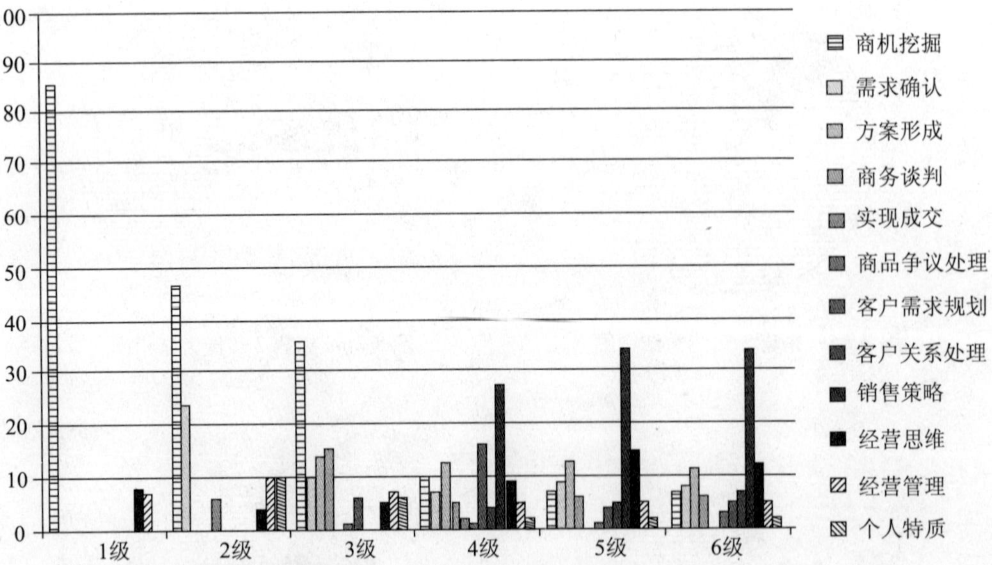


**图 8－11 市场营销专业各级能力结构对比**

可以总结出市场营销专业（市场销售）方向从 1 级至 5 级的各级能力体系构成以及纵向递进特征。

（1）能力体系构成从显性向隐性、从技巧向技术、从确定向灵活转移

从各级能力的纵向分析来看，1～3 级主要以掌握技巧为主，主要完成显性知识的学习，其完成任务特点主要是执行性的、确定性的任务；随着级别的提高，销售技术性越来越强，隐性知识学习和综合能力要求越来越高，面临的不确定性随之增加，难度也更大。如从职业能力来看，级别越高，其能力深度和复杂程度越大，即使同一项能力不同级别要求不同，级别越高能力要求也越复杂。

（2）社会责任、创新能力增大

随着销售级别的增高，要求担负更高的社会责任，例如，负责工作中的环保责任加大，承担法律责任加大，管理责任更重等。同时，销售高级别比低级别要求具有更高的创新能力，例如，学习与创新能力中，1 级只有 3 项，6 级有 6 项；应用技术能力中，1 级只有 1 项，而 6 级多达 9 项。

（3）为适应经济变化，职业转移和个人发展能力逐渐增加

随着销售级别的增高，跨专业能力和发展能力要求增加，市场营销 4 级以上逐渐承担管理职能，要求具有更强的社会能力和发展能力，例如，5 级市场营销培养的市场营销职业人要求能够掌握销售和市场策划技术，同时能够将成本意识、环保意义、社会与公司整体利益以及相互关系进行工作系统化思考，并为此创造性地设计和完成任务，并持续改进工作。

分析以上纵向特征，可以提供在教学和课程设计上的帮助，包括各级别教学内容的选取、教学载体的设计、教学情境及其相关要素的组织以及教学评价系统设计。

市场营销专业各级能力标准横向、纵向比较统计如表 8－15 所示。

**表 8－15　　市场营销专业各级能力标准横纵向统计**

| 销售领域职业能力 | 1 | 2 | 3 | 4 | 5 |
|---|---|---|---|---|---|
| 社会能力 | 16 | 18 | 23 | 25 | 26 |
| 职业能力（操作能力及相关岗位群能力） | 27 | 69 | 82 | 231 | 185 |
| 发展能力 | 12 | 14 | 20 | 27 | 36 |
| 能力小计 | 55 | 101 | 125 | 283 | 247 |

# 9 市场营销专业职业教育各级标准

## 9.1 市场营销专业职业教育1级标准描述

### 专业名称：市场营销（销售）

■ 职业教育级别：1级。

■ 适用行业：商业流通领域、商业门店。

■ 关键任务：坐店销售（基本礼仪、迎合技巧、简单谈判、FAB）。

■ 企业范围：小型超市、小型连锁、百货专卖店。

■ 人才培养目标：面向当今及未来社会需求，具有职业意识，领会岗位职责，掌握必要的文化基础知识，从事商品导购、商品推销、门店收银等岗位一线工作的初级销售人员。

■ 人才培养规格：销售1级培养规格，如表9-1所示。

表9-1 销售1级角色说明书

<table>
<tr><td>序列</td><td>销售序列</td><td>版本</td><td>V 2.0</td><td rowspan="2">说明：学员类型是促进就业型，教学特点属于岗前培训</td></tr>
<tr><td>角色</td><td>营业员/销售员</td><td>角色层级</td><td>1级</td></tr>
<tr><td colspan="5">角色目的</td></tr>
<tr><td colspan="5">本角色是处于初级阶段的销售人员。主要职责是完成初级销售目标，参与商品销售部分过程，完成商品销售工作</td></tr>
<tr><td colspan="5">职责描述</td></tr>
<tr><td colspan="5">1. 完成销售准备工作，如企业认知、产品认知、售前准备。<br>2. 接待客户，掌握基本商务礼仪，进行产品介绍、商品展示，讲解使用方法。<br>3. 进行基本的客户服务，完成简单谈判及销售任务，如客户接待、销售流程、客户沟通</td></tr>
<tr><td colspan="5">基本任职要求</td></tr>
<tr><td colspan="5">教育要求：初中或初中以上毕业；初中未毕业但有工作经验。<br>工作经验：无要求</td></tr>
<tr><td colspan="5">专业胜任能力</td></tr>
<tr><td colspan="2">任务</td><td colspan="3">具体任务动作/方法（行为标准）</td></tr>
<tr><td colspan="2">身心健康</td><td colspan="3">讲述工作现场及人身安全规范；<br>讲述产品安全；<br>制订身心调整计划；<br>调整身心状态</td></tr>
</table>

续　表

| 专业胜任能力 | |
|---|---|
| 任务 | 具体任务动作/方法（行为标准） |
| 遵守法律 | 讲述基本法律、法规教育；<br>讲述《消费者权益保障法》 |
| 规范行为 | 遵守职业道德规范； |
| 承担责任 | 具有一定的社会责任感；<br>完成本职工作 |
| 公益环保 | 讲述节约行为规范；<br>实践节约行为；<br>节约水电、打印纸等办公用品；<br>宣传节约理念，促进节约行动；<br>遵守基本环保法规要求；<br>遵守产品环保的有关规定 |
| 人际沟通 | 协调肢体语言与表达本意 |
| 商机挖掘 | 讲述产品历史、趋势、技术及通用功能、特性等；<br>讲解产品安装、指导、维修、保证等相关事宜；<br>讲解产品如何满足客户需求、实现利益；<br>演示产品满足客户需求的方法；<br>讲解产品独特特征、特性产生的优势；<br>演示产品独特优势；<br>讲解产品给客户带来的利益；<br>联系目标客户（邮件、电话、拜访）；<br>使用问题清单、成功故事、潜在客户目标清单；<br>总结客户兴趣点（口述、邮件）；<br>询问客户职位/岗位任务；<br>询问客户公司采购流程；<br>判断客户的采购角色及地位；<br>提问客户初始目标类问题；<br>分享目标清单；<br>探索其他关键人目标；<br>建议联系其他关键人；<br>讲述目标清单、成功故事；<br>确认是否客户关注的目标；<br>对照我方产品、方案辨别目标相关性；<br>应答礼貌回复并向经理汇报；<br>总结沟通内容及共识；<br>发送沟通总结邮件 |

续　表

| 专业胜任能力 | |
|---|---|
| 任务 | 具体任务动作/方法（行为标准） |
| 经营思维 | 讲述公司员工通用规章、制度；<br>讲述销售序列规范、制度 |
| 经营管理 | 调节团队内纷争；<br>提出建议并与团队协商 |
| 基础知识与工具 | 掌握计算机基础知识；<br>熟悉网上查询工具 |
| 跨专业知识技能 | 了解企业管理、经济学基础知识 |
| 学习与创新<br>自我完善与发展 | 学会自我学习、独立思考；<br>能从不同角度观察事物；<br>了解、接受新事物；<br>发展自我兴趣；<br>善于从书本和实践中学习；<br>不断反省、反思 |
| 收集、分析、组织信息能力 | 学会利用图书馆 |
| 应用技术能力 | 学习多媒体工具使用方法 |
| 经营决策能力 | 了解市场环境 |

■ 标志性教育任务，如表 9－2 所示。

**表 9－2　　　　销售 1 级标志性教育任务**

| 教学任务 | 教学形式 | 教学载体 | 考核 |
|---|---|---|---|
| 客户接待与服务 | 项目教学 | MOT 视频、角色扮演、EL 学习 | 演示、笔试、汇报、现场模拟 |

■ 对应职业（岗位）：营业员、收银员。

■ 职业发展方向：领班、店长等基层管理人员。

■ 颁发证书：考核合格后，获得职业教育 1 级证书，销售能力达到国家职业资格营业员（初级）的水平。

## 9.2　市场营销专业职业教育 2 级标准描述

### 专业名称：市场营销（销售）

■ 职业教育级别：2 级。

■ 适用行业：商业流通领域、快消品行业、耐消品行业。

■ 关键任务：主动销售（商机挖掘、问询技巧、客户心理、电话销售技巧）。

■ 企业范围：小型超市、小型连锁、百货专卖店。

■ 人才培养目标：面向当今及未来社会需求，具有职业意识，明确岗位职责，掌握必要的文化基础知识，了解基本商机挖掘技巧及方法，理解探索客户需求及把握客户心理技巧，掌握电话销售流程及技巧，从事商品导购、商品推销、电话销售、门店收银、营业等岗位一线工作的初级销售人员。

■ 人才培养规格：销售 2 级培养规格如表 9－3 所示。

**表 9－3　　销售 2 级角色说明书**

<table>
<tr><td>序列</td><td>销售序列</td><td>版本</td><td>V 2.0</td><td rowspan="2">说明：学员类型是连续学习型，教学特点属于在职教育</td></tr>
<tr><td>角色</td><td>销售助理</td><td>角色层级</td><td>2 级</td></tr>
<tr><td colspan="5">角色目的</td></tr>
<tr><td colspan="5">本角色是处于初级阶段的销售人员。主要职责是完成初级销售目标，参与商品销售全部过程，完成商品销售和基本客户服务工作，协助主管工作以及维护客户关系</td></tr>
<tr><td colspan="5">职责描述</td></tr>
<tr><td colspan="5">1. 完成销售准备工作，如企业认知、产品认知、客户认知、售前准备。<br>2. 接待客户，进行产品介绍、商品展示，讲解使用方法，解答客户问题，明确客户的利益点。<br>3. 进行客户服务，完成所承担的业绩指标，如客户接待、有效的客户沟通、树立企业形象等。<br>4. 电话销售，进行新客户及老客户的商机开发，获取拜访及订单机会</td></tr>
<tr><td colspan="5">基本任职要求</td></tr>
<tr><td colspan="5">教育要求：初中（含）以上学历或职业教育 1 级证书。<br>工作经验：无要求</td></tr>
</table>

续 表

| 专业胜任能力 | |
|---|---|
| 任务 | 具体任务动作/方法（行为标准） |
| 身心健康 | 讲述工作现场及人身安全规范；<br>讲述产品安全；<br>制订身心调整计划；<br>调整身心状态 |
| 遵守法律 | 讲述基本法律、法规教育；<br>讲述《消费者权益保障法》 |
| 规范行为 | 遵守职业道德规范；<br>讲解商业惯例、行业惯例及处理流程 |
| 承担责任 | 具有一定的社会责任感；<br>完成本职工作 |
| 公益环保 | 讲述节约行为规范；<br>实践节约行为；<br>节约水电、打印纸等办公用品；<br>宣传节约理念，促进节约行动；<br>遵守基本环保法规要求；<br>遵守产品环保的有关规定 |
| 人际沟通 | 表达个人想法；<br>协调肢体语言与表达本意 |
| 商机挖掘 | 讲述产品历史、趋势、技术及通用功能、特性等；<br>讲述公司产品型号、架构；<br>讲解产品安装、指导、维修、保证等相关事宜；<br>讲解产品如何满足客户需求、实现利益；<br>演示产品满足客户需求的方法；<br>讲述公司产品特性；<br>讲解产品独特特征、特性产生的优势；<br>演示产品独特优势；<br>讲解产品给客户带来的利益；<br>应用理想客户模型识别目标客户；<br>准备客户信息；<br>准备客户问题清单、成功故事、话术；<br>自我准备心态、状态；<br>联系目标客户（邮件、电话、拜访）； |

续　表

| 专业胜任能力 | |
|---|---|
| 任务 | 具体任务动作/方法（行为标准） |
| 商机挖掘 | 使用问题清单、成功故事、潜在客户目标清单；<br>总结客户兴趣点（口述、邮件）；<br>询问客户职位、岗位任务；<br>询问客户公司采购流程；<br>判断客户的采购角色及地位；<br>提问客户初始目标类问题；<br>分享目标清单；<br>探索其他关键人目标；<br>建议联系其他关键人；<br>讲述目标清单、成功故事；<br>确认是否客户关注的目标；<br>对照我方产品、方案辨别目标相关性；<br>应答礼貌回复并向经理汇报；<br>总结沟通内容及共识；<br>发送沟通总结邮件；<br>询问客户相关信息；<br>要求会见关键人或进行调研；<br>发送应答邮件 |
| 需求确认 | 提问、开放式探索客户对关键问题的解决方法；<br>讲述应用场景；<br>确认客户解决关键问题的理想场景和效果；<br>总结初步诊断与需求确认总结；<br>选择发展为支持者的目标；<br>发展支持者；<br>发展流程验证和推进；<br>评估及优选验证方式；<br>确定验证方法；<br>回顾联系人、关键人目标；<br>探索关键人目标；<br>拓展关键人目标；<br>确认关键人目标；<br>梳理合作经营过程与共识；<br>确认合作经营过程与共识；<br>发送确认邮件 |

续　表

<table>
<tr><th colspan="2">专业胜任能力</th></tr>
<tr><th>任务</th><th>具体任务动作/方法（行为标准）</th></tr>
<tr><td>实现成交</td><td>完成签约、开票、收款、发货；<br>控制按计划和时间进行，避免节外生枝；<br>书写销售总结；<br>归档，提交相关总结备案</td></tr>
<tr><td>经营思维</td><td>讲述公司员工通用规章、制度；<br>讲述销售序列规范、制度；<br>定期联络（电话、邮件、拜访）</td></tr>
<tr><td>经营管理</td><td>回顾当天工作情况；<br>列举次日工作清单；<br>排序次日重要工作；<br>计划重要工作时间安排；<br>填写时间计划表；<br>调节团队内纷争；<br>提出建议并与团队协商</td></tr>
<tr><td>个人特质</td><td>激发工作热情；<br>分辨积极心态与消极心态范畴；<br>判断自己具有的积极心态、消极心态；<br>树立阳光思维；<br>建立应对压力、危机、事件的良好心态；<br>表现礼貌、专业、诚信的形象；<br>坚定价值观和荣辱观</td></tr>
<tr><td>基础知识与工具</td><td>掌握计算机基础知识；<br>熟悉网上查询工具</td></tr>
<tr><td>跨专业知识技能</td><td>了解企业管理、经济学基础知识</td></tr>
<tr><td>学习与创新</td><td>学会自我学习、独立思考；<br>能从不同角度观察事物；<br>了解接受新事物</td></tr>
<tr><td>自我完善与发展</td><td>发展自我兴趣；<br>善于从书本和实践中学习；<br>不断反省、反思</td></tr>
<tr><td>收集、分析、组织信息能力</td><td>学会利用图书馆；<br>应用计算机和互联网信息搜集处理功能</td></tr>
</table>

续　表

| 专业胜任能力 | |
|---|---|
| 任务 | 具体任务动作/方法（行为标准） |
| 应用技术能力 | 了解网页制作方法；<br>学习多媒体工具使用方法 |
| 经营决策能力 | 了解市场环境 |

■ 标志性教育任务，如表 9－4 所示。

**表 9－4　　　销售 2 级标志性教育任务**

| 教学任务 | 教学形式 | 教学载体 | 考核 |
|---|---|---|---|
| 主动寻找商机并独立完成销售 | 项目教学 | 课堂教学、视频教学、角色扮演、EL 学习 | 演示、笔试、汇报、现场模拟、案例分析及报告呈现 |

■ 对应职业（岗位）：电话销售、销售助理。

■ 职业发展方向：销售代表。

■ 颁发证书：考核合格后，获得职业教育 2 级证书。销售能力达到国家职业资格营业员（中级）的水平。

## 9.3　市场营销专业职业教育 3 级标准描述

### 专业名称：市场营销（销售）

■ 职业教育级别：3 级。

■ 适用行业：工业品、设备制造、IT、医疗设备、咨询服务等。

■ 关键任务：产品销售/简单项目销售。

■ 企业范围：小型项目销售公司等。

■ 人才培养目标：面向当今及未来社会需求，掌握经济学基础、市场营销基本知识，理解客户导向、客户经营、以客户为中心的营销理念；掌握产品和简单项目销售的基本流程；掌握挖掘商机、激发客户兴趣、当面拜访的方法及技巧；具有销售机会分析与评估能力及完成简单项目销售订单或协助完成项目销售订单的能力。

■ 人才培养规格：销售 3 级培养规格如表 9－5 所示。

**表 9-5　　销售 3 级角色说明书**

<table>
<tr><td>序列</td><td>销售序列</td><td>版本</td><td>V 2.0</td><td rowspan="2">说明：学员类型是促进就业型，教学特点属于岗前培训</td></tr>
<tr><td>角色</td><td>销售代表</td><td>角色层级</td><td>3 级</td></tr>
<tr><td colspan="5">角色目的</td></tr>
<tr><td colspan="5">本角色是处于初级阶段的销售人员。主要职责是收集客户信息、发现客户需求，参与销售全部过程，完成项目销售和客户经营工作，协助高级客户经理参与大项目销售以及维护客户关系</td></tr>
<tr><td colspan="5">职责描述</td></tr>
<tr><td colspan="5">1. 搜集、记录并整理相关数据信息，如客户背景信息、客户组织架构信息等资料，并进行筛选、分析。<br>2. 负责区域进行项目的销售助理工作，并完成所承担的业绩指标。<br>3. 协助区域客户关系维系和发展，提高客户满意度和忠诚度。<br>4. 理解大项目销售流程及方法，懂得应用相关大项目销售的工具及资源库，能够独立完成简单项目销售</td></tr>
<tr><td colspan="5">基本任职要求</td></tr>
<tr><td colspan="5">教育要求：高中毕业或职业教育 2 级证书。<br>工作经验：职业教育 2 级证书并 1 年以上工作经验，职业教育 1 级证书并 2 年以上工作经验</td></tr>
<tr><td colspan="5">专业胜任能力</td></tr>
<tr><td colspan="2">任务</td><td colspan="3">具体任务动作/方法（行为标准）</td></tr>
<tr><td colspan="2">身心健康</td><td colspan="3">讲述工作现场及人身安全规范；<br>讲述产品安全；<br>制订身心调整计划；<br>调整身心状态</td></tr>
<tr><td colspan="2">遵守法律</td><td colspan="3">讲述基本法律、法规教育；<br>讲述《消费者权益保障法》；<br>讲述《合同法》；<br>讲述《刑法》中商业贿赂相关条款</td></tr>
<tr><td colspan="2">规范行为</td><td colspan="3">遵守职业道德规范；<br>讲解商业惯例、行业惯例及处理流程</td></tr>
<tr><td colspan="2">承担责任</td><td colspan="3">具有一定的社会责任感；<br>完成本职工作</td></tr>
<tr><td colspan="2">公益环保</td><td colspan="3">讲述节约行为规范；<br>实践节约行为；<br>节约水电、打印纸等办公用品；<br>宣传节约理念，促进节约行动；<br>提出节约方面的建议；<br>遵守基本环保法规要求；<br>遵守产品环保的有关规定</td></tr>
</table>

续　表

| 专业胜任能力 | |
| --- | --- |
| 任务 | 具体任务动作/方法（行为标准） |
| 人际沟通 | 表达个人想法；<br>协调肢体语言与表达本意 |
| 团队合作 | 宣扬团队目标；<br>善于和团队成员沟通 |
| 商机挖掘 | 讲述产品历史、趋势、技术及通用功能、特性等；<br>讲解产品安装、指导、维修、保证等相关事宜；<br>讲解产品如何满足客户需求、实现利益；<br>演示产品满足客户需求的方法；<br>讲解产品独特特征、特性产生的优势；<br>演示产品独特优势；<br>讲解产品给客户带来的利益；<br>应用理想客户模型识别目标客户；<br>准备客户信息；<br>准备客户问题清单、成功故事、话术；<br>自我准备心态、状态；<br>联系目标客户（邮件、电话、拜访）；<br>使用问题清单、成功故事、潜在客户目标清单；<br>总结客户兴趣点（口述、邮件）；<br>询问客户职位、岗位任务；<br>询问客户公司采购流程；<br>判断客户的采购角色及地位；<br>提问客户初始目标类问题；<br>分享目标清单；<br>探索其他关键人目标；<br>建议联系其他关键人；<br>讲述目标清单、成功故事；<br>确认是否客户关注的目标；<br>对照我方产品、方案辨别目标相关性；<br>应答礼貌回复并向经理汇报；<br>总结沟通内容及共识；<br>发送沟通总结邮件；<br>询问客户相关信息；<br>要求会见关键人或进行调研；<br>发送应答邮件 |
| 需求确认 | 讲述应用场景；<br>选择发展为支持者的目标；<br>评估及优选验证方式；<br>确定验证方法； |

续 表

| 专业胜任能力 | |
|---|---|
| 任务 | 具体任务动作/方法（行为标准） |
| 需求确认 | 回顾联系人、关键人目标；<br>探索关键人目标；<br>梳理合作经营过程与共识；<br>发送确认邮件 |
| 方案形成 | 制订方案制作与评审的初步计划；<br>组建方案制作小组并分工；<br>协调专家、顾问等团队资源；<br>收集前期与客户确认的工作记录；<br>制作方案简报；<br>草拟项目实施计划；<br>沟通确认项目实施计划；<br>测算我方项目盈亏分析；<br>发送评审总结邮件；<br>提议项目进程计划；<br>发送项目进程计划邮件 |
| 商务谈判 | 准备相互确认过的资料；<br>填写谈判准备表；<br>填写谈判策略与过程控制表；<br>避免销售谈判中的常见错误；<br>提交合同文本供客户方预审；<br>与客户共同商讨合同条款；<br>确认合同可确认内容并标明分歧；<br>与客户约定谈判具体日程；<br>控制节奏按既定策略与计划进行；<br>调整并控制心态与情绪；<br>总结谈判内容及成果；<br>签订谈判合同、备忘录 |
| 商品争议处理 | 与客户确认交流目标与流程提问——顾虑类问题 |
| 客户需求规划 | 整理客户资料、历史拜访记录、确认邮件；<br>整理销售工具、案例、产品宣传册等资料；<br>列示客户角色、采购流程；<br>列示客户基本信息及拜访历史资料；<br>列示客户需求与期待 |
| 经营思维 | 收集客户名单及联系方式（网络、黄页、政府部门的企业名单等）；<br>讲述公司文化、价值观；<br>讲述公司员工通用规章、制度；<br>讲述销售序列规范、制度 |

续　表

| 专业胜任能力 | |
|---|---|
| 任务 | 具体任务动作/方法（行为标准） |
| 经营管理 | 回顾当天工作情况；<br>列举次日工作清单；<br>排序次日重要工作；<br>调节团队内纷争；<br>提出建议并与团队协商；<br>使用有效沟通技巧 |
| 个人特质 | 分辨积极心态与消极心态范畴；<br>判断自己具有的积极心态、消极心态；<br>树立阳光思维；<br>建立应对压力、危机、事件的良好心态；<br>表现礼貌、专业、诚信的形象 |
| 基础知识与工具 | 掌握计算机基础知识；<br>熟悉网上查询工具；<br>了解多媒体技术 |
| 跨专业知识技能 | 了解企业管理、经济学基础知识 |
| 学习与创新 | 学会自我学习、独立思考；<br>能从不同角度观察事物；<br>辩证灵活地看待问题；<br>了解、接受新事物 |
| 自我完善与发展 | 发展自我兴趣；<br>善于从书本和实践中学习；<br>及时总结经验教训；<br>不断反省、反思 |
| 收集、分析、组织信息能力 | 学会利用图书馆；<br>应用计算机和互联网信息搜集处理功能；<br>学习拓展收集信息渠道 |
| 应用技术能力 | 了解网页制作方法；<br>掌握网络营销方法；<br>学习多媒体工具使用方法 |
| 解决问题能力 | 学习判断问题 |
| 经营决策能力 | 了解市场环境 |

■ 标志性教育任务，如表 9－6 所示。

**表 9－6　　　　销售 3 级标志性教育任务**

| 教学任务 | 教学形式 | 教学载体 | 考核 |
|---|---|---|---|
| 产品及简单项目销售 | 项目教学 | 视频教学、角色扮演、EL 学习、案例模拟 | 演示、笔试、汇报、案例分析及报告呈现 |

■ 对应职业（岗位）：销售代表。

■ 职业发展方向：大客户销售、复杂项目销售。

■ 职业教育证书：考核合格后，获得职业教育3级证书。

## 9.4 市场营销专业职业教育4级标准描述

### 专业名称：市场营销（销售）

■ 职业教育级别：4级。

■ 适用行业：工业、医疗器械、咨询、IT、房地产等。

■ 关键任务：复杂项目销售，即“多人参与的购买组织的决策过程”的采购项目进行销售（顾问式/解决方案销售、大客户维护与发展、销售策略）。

■ 企业范围：复杂项目销售公司。

■ 人才培养目标：面向当今及未来社会需求，掌握经济学基础、市场营销基本知识；理解客户导向、客户经营、以客户为中心的营销理念；掌握市场推广、挖掘商机、激发客户兴趣、商务谈判、项目推进的方法及技巧；理解大项目销售流程及相关工具集，能够应用大项目销售工具进行项目挖掘、分析、推进等项目管理工作；完成销售策略评估、销售机会评估、销售风险管理、销售漏斗管理等工作；具备独立拜访客户、完成一定规模项目销售订单的能力。

■ 人才培养规格：销售4级培养规格如表9-7所示。

表9-7　　销售4级角色说明书

<table>
<tr><td>序列</td><td>销售序列</td><td>版本</td><td>V 2.0</td><td rowspan="2">说明：学员类型是连续学习型或技能发展型，教学特点属于在校生职业教育或在职教育</td></tr>
<tr><td>角色</td><td>大客户销售</td><td>角色层级</td><td>4级</td></tr>
<tr><td colspan="5">角色目的</td></tr>
<tr><td colspan="5">本角色是处于中级销售人员。主要职责是搜集客户信息，发现客户需求，参与销售全部过程，完成项目销售和客户经营工作，参与大项目销售以及维护客户关系</td></tr>
<tr><td colspan="5">职责描述</td></tr>
<tr><td colspan="5">1. 搜集、记录并整理相关数据信息，如客户背景信息、客户组织架构信息等资料，并进行筛选、分析。<br>2. 负责区域项目的销售助理工作，并完成所承担的业绩指标。<br>3. 区域客户关系维系和发展，提高客户满意度和忠诚度。</td></tr>
</table>

续　表

| 职责描述 | |
|---|---|
| 4. 独立或协助团队完成大项目销售分析，策略制订及执行。<br>5. 独立完成个人销售漏斗管理、个人绩效管理及规划。<br>6. 能够独立完成一定规模的项目销售 | |
| 基本任职要求 | |
| 教育要求：高中毕业。<br>工作经验：职业 2 级，职业 3 级，职业 3 级＋1 年以上工作经验，职业 2 级＋1 年以上工作经验 | |
| 专业胜任能力 | |
| 任务 | 具体任务动作/方法（行为标准） |
| 身心健康 | 讲述工作现场及人身安全规范；<br>讲述产品安全；<br>制订身心调整计划；<br>调整身心状态； |
| 遵守法律 | 讲述基本法律、法规教育；<br>讲述《消费者权益保障法》；<br>讲述《合同法》；<br>讲述《刑法》中商业贿赂相关条款 |
| 规范行为 | 遵守职业道德规范；<br>讲解商业惯例、行业惯例及处理流程 |
| 承担责任 | 具有一定的社会责任感；<br>完成本职工作；<br>促进完成团队目标 |
| 公益环保 | 讲述节约行为规范；<br>实践节约行为；<br>节约水电、打印纸等办公用品；<br>宣传节约理念，促进节约行动；<br>提出节约方面的建议；<br>遵守基本环保法规要求；<br>遵守产品环保的有关规定 |
| 人际沟通 | 协调肢体语言与表达本意 |
| 冲突管理 | 控制情绪压力；<br>规划时间安排；<br>设计冲突解决流程 |
| 团队合作 | 善于和团队成员沟通 |
| 商机挖掘 | 讲述产品历史、趋势、技术及通用功能、特性等；<br>讲解产品安装、指导、维修、保证等相关事宜；<br>讲解产品如何满足客户需求、实现利益；<br>演示产品满足客户需求的方法；<br>讲解产品独特特征、特性产生的优势； |

续 表

| 专业胜任能力 | |
|---|---|
| 任务 | 具体任务动作/方法（行为标准） |
| 商机挖掘 | 演示产品独特优势；<br>讲解产品给客户带来的利益；<br>应用理想客户模型、识别目标客户；<br>准备客户信息；<br>准备客户问题清单、成功故事、话术；<br>联系目标客户（邮件、电话、拜访）；<br>使用问题清单、成功故事、潜在客户目标清单；<br>总结客户兴趣点（口述、邮件）；<br>判断客户的采购角色及地位；<br>提问客户初始目标类问题；<br>探索其他关键人目标；<br>建议联系其他关键人；<br>对照我方产品、方案辨别目标相关性；<br>应答礼貌回复并向经理汇报；<br>发送沟通总结邮件；<br>询问客户相关信息；<br>要求会见关键人或进行调研；<br>发送应答邮件 |
| 需求确认 | 提问、开放式探索客户对关键问题的解决方法；<br>讲述应用场景；<br>确认客户解决关键问题的理想场景和效果；<br>总结初步诊断与需求确认总结；<br>选择发展为支持者的目标；<br>发展支持者；<br>发展流程验证和推进；<br>评估及优选验证方式；<br>确定验证方法；<br>回顾联系人、关键人目标；<br>探索关键人目标；<br>拓展关键人目标；<br>确认关键人目标；<br>梳理合作经营过程与共识；<br>确认合作经营过程与共识；<br>发送确认邮件 |
| 方案形成 | 制订方案制作与评审的初步计划；<br>评估方案制作与评审的初步计划；<br>组建方案制作小组并分工；<br>协调专家、顾问等团队资源； |

续　表

| 专业胜任能力 | |
| --- | --- |
| 任务 | 具体任务动作/方法（行为标准） |
| 方案形成 | 收集前期与客户确认的工作记录；<br>制作方案简报；<br>诊断影响实施成功的可能原因；<br>创建实施愿景；<br>草拟项目实施计划；<br>沟通确认项目实施计划；<br>与客户共同填写产品配置清单；<br>拟订客户投资效益分析；<br>分析有形效益、无形效益；<br>绘制成本效益分析图表；<br>制作盈亏平衡点分析表；<br>建立项目阶段性成功标准；<br>评审方案内容与实施计划；<br>测算我方项目盈亏分析；<br>提议汇报评审会议；<br>确定双方参会人员及任务分配；<br>确认评审会议程、参会人员、时间地点等事项；<br>汇报解决方案；<br>与客户回顾并确认方案及内容；<br>发送评审总结邮件；<br>提议项目进程计划；<br>发送项目进程计划邮件；<br>与客户共同修订、确认项目进程计划 |
| 商务谈判 | 准备相互确认过的资料；<br>填写谈判准备表；<br>填写谈判策略与过程控制表；<br>避免销售谈判中的常见错误；<br>提交合同文本供客户方预审；<br>与客户共同商讨合同条款；<br>确认合同可确认内容并标明分歧；<br>与客户约定谈判具体日程；<br>控制节奏按既定策略与计划进行；<br>调整并控制心态与情绪；<br>总结谈判内容及成果；<br>签订谈判合同、备忘录 |
| 实现成交 | 完成签约、开票、收款、发货；<br>控制按计划和时间进行，避免节外生枝；<br>书写销售总结；<br>归档，提交相关总结备案 |

续 表

| 专业胜任能力 | |
|---|---|
| 任务 | 具体任务动作/方法（行为标准） |
| 商品争议处理 | 应用“心灵共振”与“同理心”；<br>应用“太极推手” |
| 客户需求规划 | 整理客户资料、历史拜访记录、确认邮件；<br>整理销售工具、案例、产品宣传册等资料；<br>列示客户角色、采购流程；<br>列示客户基本信息及拜访历史资料；<br>列示客户需求与期待；<br>审订单一销售目标；<br>列示单一销售目标中不确定因素；<br>拟订有效约见理由；<br>拟订期望的客户行动承诺；<br>检查行动承诺与采购流程、目标角色相关性；<br>列示未知信息（需求、角色、流程、变化等）；<br>编写各类问句的方式与内容；<br>检查提问顺序与逻辑；<br>列示针对客户概念的差异优势；<br>证明差异优势的真实性；<br>准备差异优势的证明证据（资料、案例、证言等）；<br>列示客户可能的顾虑；<br>列示处理顾虑的方式与问句；<br>检查拜访准备逻辑、流程、资料及内容审查；<br>检查随身携带的工具与资料；<br>电话、邮件约见；<br>自我介绍、说明来意、适当暖场；<br>与客户确认交流目标与流程；<br>探索客户认为的下步计划；<br>提议提出承诺类问题（拜访前准备的）；<br>确认客户的行动承诺；<br>总结拜访主要内容及共识；<br>确认双方行动计划与行动承诺；<br>列示客户异议原因；<br>总结客户的顾虑解决程度及效果；<br>检查拜访准备表完成情况；<br>更新收集的信息；<br>总结客户的行动承诺；<br>列举整个拜访中客户信任的表现； |

续　表

| 专业胜任能力 | |
|---|---|
| 任务 | 具体任务动作/方法（行为标准） |
| 客户需求规划 | 列举整个拜访中客户对我不信任的表现；<br>列示获取客户更多的信任的方法；<br>发送拜访总结电子邮件；<br>提问客户现状类信息；<br>提问客户难点、诊断、效益类问题；<br>提问客户态度类问题；<br>保持倾听心态、姿式、肢体语言；<br>黄金沉默技巧；<br>探寻客户对需求的解决方案；<br>提问与客户合作经营解决方案；<br>客户理想场景呈现；<br>用证据证明差异优势 |
| 销售策略 | 列示客户单一销售目标；<br>确定项目进度、漏斗阶段；<br>确定客户的紧急程度；<br>确定项目总体感觉、温度；<br>列示客户组织架构图；<br>列示项目客户采购角色结构；<br>列示全部项目关键人、潜在关键人；<br>辨别项目关键参与者角色；<br>检查未知角色或决策影响力；<br>判定客户角色的反馈模式；<br>讲述客户角色对现状、期望的认识；<br>列示证据证明客户的态度；<br>判定客户角色的支持程度；<br>列示证据证明客户的支持度；<br>讲述客户角色支持度的原因；<br>检查客户销售的总体阶段；<br>绘制客户每个角色参与度曲线；<br>标注客户每个角色的参与点；<br>列示客户内部政治关系链及冲突点；<br>列示客户每个角色现阶段参与度与影响力；<br>列示关键角色的部门、岗位、职责；<br>列示关键角色有关业务需求；<br>确定解决方案对关键角色的业务价值；<br>列示关键角色的年龄、学历、履历、性格等信息；<br>列示关键角色在组织中的位置与关系；<br>确定关键角色的个人利益； |

续 表

| 专业胜任能力 | |
|---|---|
| 任务 | 具体任务动作/方法（行为标准） |
| 销售策略 | 标识优势与风险；<br>回顾项目总体形势与拆局分析；<br>列示客户关键诉求、我方优势与劣势；<br>列示各种可能采取的策略；<br>列示项目在我方无干扰情况下的走势；<br>确定项目总体策略；<br>制订 COACH 培训与发展策略；<br>分别制订 EB、UB、TB 应对策略；<br>制订 EK、OC 应对策略；<br>列示每个角色的目标反馈与支持度；<br>列示面向每个角色下步具体目标与行动计划；<br>检查行动计划顺序；<br>列示资源列表；<br>列示可动用资源及动用方式；<br>列示资源成本及难易度；<br>列示针对每个角色的目标与行动计划；<br>匹配面向具体角色、目标的资源有效性；<br>制订资源使用计划；<br>检查资源使用有效性与成本；<br>申请资源协调与调动；<br>讲述与知会项目信息、行动目标与计划；<br>编写资源申请、协调邮件；<br>列示项目竞争对手名录；<br>列示竞争对手优势、劣势；<br>列示每个角色对每个对手的反馈与支持度；<br>判定关键角色对供应商排位；<br>回顾总体竞争策略；<br>修订行动目标、计划与资源部署；<br>总体检查；<br>预测行动之后的目标状态与局势；<br>确定行动计划（目标、任务、负责人、资源、时间）；<br>回顾客户关键人目标及解决方案；<br>检查我方能力证明及实施计划；<br>检查项目关键检查点；<br>分析项目形势分析；<br>制订项目策略 |

续　表

| 专业胜任能力 | |
|---|---|
| 任务 | 具体任务动作/方法（行为标准） |
| 经营思维 | 收集客户名单及联系方式；<br>讲述该行业客户的通用及特殊需求；<br>讲述我们在该行业领域的机遇；<br>讲述特定客户在该行业的优势；<br>讲述我们在该行业的优势；<br>讲述我们在该行业的劣势；<br>提问、开放式探索可诊断的关键问题；<br>提问针对客户关键问题的具体现状及诊断问题；<br>确认诊断结果及共识；<br>讲述销售序列规范、制度；<br>设定自己在企业和社会中的位置；<br>提交销售文档及召开内部沟通会<br>提交实施计划及注意事项；<br>引荐实施团队进驻；<br>致电、邮件或拜访客户以了解实施及服务情况；<br>定期联络（电话、邮件、拜访）；<br>节假日联络表示关怀；<br>总结客户实施过程中实现的阶段性价值；<br>确认客户实施过程中实现的阶段性价值；<br>讲述客户行业趋势、机遇；<br>持续经营 |
| 经营管理 | 回顾当天工作情况；<br>列举次日工作清单；<br>排序次日重要工作；<br>计划重要工作时间安排；<br>以对方的方式去思考问题；<br>对既定事项服从安排<br>调节团队内纷争；<br>提出建议并与团队协商；<br>使用有效沟通技巧；<br>分析项目停滞可能原因；<br>询问项目停滞原因；<br>项目停滞处理 |
| 个人特质 | 分辨积极心态与消极心态范畴；<br>判断自己具有的积极心态、消极心态；<br>树立阳光思维；<br>建立应对压力、危机、事件的良好心态；<br>表现礼貌、专业、诚信的形象 |

续 表

| 专业胜任能力 | |
|---|---|
| 任务 | 具体任务动作/方法（行为标准） |
| 基础知识与工具 | 熟练掌握 PPT 技术及商业演讲方法；<br>了解 Excel 基础应用功能；<br>了解消费心理学、商品学知识；<br>了解多媒体技术 |
| 跨专业知识技能 | 了解企业管理、经济学基础知识；<br>了解电子贸易、金融基础知识及应用 |
| 学习与创新 | 学会自我学习、独立思考；<br>能从不同角度观察事物；<br>辩证灵活地看待问题；<br>掌握持续不断改进的方法；<br>了解接受新事物 |
| 自我完善与发展 | 发展自我兴趣；<br>善于从书本和实践中学习；<br>及时总结经验教训；<br>不断反省、反思 |
| 收集、分析、组织信息能力 | 学会利用图书馆；<br>应用计算机和互联网信息搜集处理功能；<br>学习拓展收集信息渠道 |
| 应用技术能力 | 了解网页制作方法；<br>掌握网络营销方法；<br>学习多媒体工具使用方法；<br>掌握商务谈判技术；<br>了解国际贸易实务 |
| 解决问题能力 | 学习判断问题；<br>了解分析问题和解决问题的流程 |
| 经营决策能力 | 学习创业；<br>了解市场环境 |

■ 标志性教育任务，如表 9－8 所示。

**表 9－8　　　　销售 4 级标志性教育任务**

| 教学任务 | 教学形式 | 教学载体 | 考核 |
|---|---|---|---|
| 新兵训练营 | 项目教学 | 视频教学、角色扮演、EL 学习 | 演示、笔试、汇报 |
| 项目销售 | 项目教学 | 视频教学、教练指导、EL 学习 | 演示、成果、汇报 |

■ 对应职业（岗位）：大客户销售、项目销售。

■ 职业发展方向：管理销售团队。

■ 学历与职业教育证书：考核合格后，获得专科学历证书，同时获得职业教育 4 级证书。

## 9.5 市场营销专业职业教育 5 级标准描述

### 专业名称：市场营销（销售）

■ 职业教育级别：5 级。

■ 适用行业及企业：大型制造业公司，建筑、房地产行业，跨行业经营集团，政府、事业单位采购等。

■ 关键任务：销售管理，即对“客户多人参与，购买者、销售者都有很多选择，涉及客户多个层级，同时购买组织的决策过程复杂”的采购项目进行销售（客户经营和管理能力、区域销售规划、行业销售规划、销售预测与业绩管理、销售团队管理）。

■ 人才培养目标：面向当今及未来社会需求，掌握经济学、市场营销基本理论；理解当今及未来社会客户导向、客户经营、以客户为中心的营销理念；掌握客户的采购、决策流程，并能够根据客户的采购、决策流程制定营销流程；了解市场调研、销售技术、客户管理基本操作实务。掌握市场推广、商务谈判、项目推进的方法；理解并掌握销售漏斗管理原理；具备独立拜访中高层客户、完成中等规模（中等的定义是根据公司规模、产品的不同有所不同）销售订单的能力。

■ 人才培养规格：销售 5 级培养规格如表 9－9 所示。

**表 9－9　　销售 5 级角色说明书**

| 序列 | 销售序列 | 版本 | V 2.0 | 说明：学员类型是技能发展型，教学特点属于在校生职业教育或在职教育 |
|---|---|---|---|---|
| 角色 | 销售管理 | 角色层级 | 5 级 | |
| 角色目的 | | | | |
| 本角色是销售管理人员。主要职责是销售区域规划、行业销售规划、销售预测与业绩管理、渠道发展与管理、销售团队管理 | | | | |
| 职责描述 | | | | |
| 1. 销售区域规划：设计销售区域目标，分析销售区域潜力，设计销售区域涵盖方式。<br>2. 行业销售规划：分析行业销售潜力及需求，制订行业经营策略。<br>3. 销售预测与业绩管理：销售业绩规划，数据管理及分析，业绩分析及预测。<br>4. 渠道发展与管理：销售渠道流程管理、渠道管理和渠道成员激励。<br>5. 销售团队管理：销售团队组织，销售人员招聘与选拔，销售人员激励与考核 | | | | |

续 表

| 基本任职要求 | |
|---|---|
| 教育要求：本科（含）以上学历。<br>工作经验：职业 4 级，职业 4 级+1 年以上工作经验 | |
| 专业胜任能力 | |
| 任务 | 具体任务动作/方法（行为标准） |
| 身心健康 | 讲述工作现场及人身安全规范；<br>讲述产品安全；<br>制订身心调整计划；<br>调整身心状态 |
| 遵守法律 | 讲述基本法律、法规教育；<br>讲述《消费者权益保障法》；<br>讲述《合同法》；<br>讲述《刑法》中商业贿赂相关条款；<br>讲述《反不正当竞争法》；<br>讲述国际贸易有关法律法规 |
| 规范行为 | 遵守职业道德规范；<br>讲解商业惯例、行业惯例及处理流程 |
| 承担责任 | 具有一定的社会责任感；<br>完成本职工作；<br>促进完成团队目标 |
| 公益环保 | 实践节约行为；<br>宣传节约理念，促进节约行动；<br>提出节约方面的建议；<br>遵守基本环保法规要求 |
| 人际沟通 | 利用相关的数据、案例、信息支持沟通；<br>分享个人经验、知识和案例 |
| 冲突管理 | 控制情绪压力；<br>规划时间安排；<br>设计冲突解决流程 |
| 团队合作 | 宣扬团队目标；<br>善于和团队成员沟通 |
| 商机挖掘 | 联系目标客户（邮件、电话、拜访）；<br>使用问题清单、成功故事、潜在客户目标清单；<br>总结客户兴趣点（口述、邮件）；<br>询问客户职位、岗位任务；<br>询问客户公司采购流程；<br>判断客户的采购角色及地位； |

续 表

| 专业胜任能力 | |
|---|---|
| 任务 | 具体任务动作/方法（行为标准） |
| 商机挖掘 | 提问客户初始目标类问题；<br>探索其他关键人目标；<br>建议联系其他关键人；<br>讲述目标清单、成功故事；<br>确认是否客户关注的目标；<br>对照我方产品、方案辨别目标相关性；<br>应答礼貌回复并向经理汇报；<br>发送沟通总结邮件 |
| 需求确认 | 提问、开放式探索客户对关键问题的解决方法；<br>讲述应用场景；<br>确认客户解决关键问题的理想场景和效果；<br>总结初步诊断与需求确认总结；<br>选择发展为支持者的目标；<br>发展支持者；<br>发展流程验证和推进；<br>评估及优选验证方式；<br>确定验证方法；<br>回顾联系人、关键人目标；<br>探索关键人目标；<br>拓展关键人目标；<br>确认关键人目标；<br>梳理合作经营过程与共识；<br>确认合作经营过程与共识；<br>发送确认邮件 |
| 方案形成 | 收集前期与客户确认的工作记录；<br>制作方案简报；<br>诊断影响实施成功的可能原因；<br>创建实施愿景；<br>草拟项目实施计划；<br>沟通确认项目实施计划；<br>拟订客户投资效益分析；<br>分析有形效益、无形效益；<br>绘制成本效益分析图表；<br>制作盈亏平衡点分析表；<br>建立项目阶段性“成功标准”；<br>评审方案内容与实施计划；<br>测算我方项目盈亏分析； |

续 表

<table>
<tr><th colspan="2">专业胜任能力</th></tr>
<tr><th>任务</th><th>具体任务动作/方法（行为标准）</th></tr>
<tr><td>方案形成</td><td>提议汇报评审会议；<br>确定双方参会人员及任务分配；<br>确认评审会议程、参会人员、时间地点等事项；<br>汇报解决方案；<br>与客户回顾及确认方案及内容；<br>发送评审总结邮件；<br>重新修订方案并再次召开评审会；<br>提议项目进程计划；<br>发送项目进程计划邮件；<br>与客户共同修订、确认项目进程计划</td></tr>
<tr><td>商务谈判</td><td>准备相互确认过的资料；<br>填写谈判准备表；<br>避免销售谈判中的常见错误；<br>提交合同文本供客户方预审；<br>与客户共同商讨合同条款；<br>确认合同可确认内容并标明分歧；<br>与客户约定谈判具体日程；<br>控制节奏按既定策略与计划进行；<br>调整并控制心态与情绪；<br>总结谈判内容及成果；<br>签订谈判合同、备忘录</td></tr>
<tr><td>商品争议处理</td><td>列示客户异议原因；<br>总结客户的顾虑解决程度及效果</td></tr>
<tr><td>客户需求规划</td><td>列示客户需求与期待；<br>拟订有效约见理由；<br>拟订期望的客户行动承诺；<br>列示未知信息（需求、角色、流程、变化等）；<br>应用异议处理技巧（包括心灵共振、同理心等）；<br>总结我们获取的新信息；<br>总结我们创造的差异化优势；<br>探索客户期待与目标；<br>保持倾听心态、姿式、肢体语言；<br>确认客户期待与需求；<br>探寻客户对需求的解决方案；<br>提问与客户合作经营解决方案；<br>客户理想场景呈现；<br>用证据证明差异优势；<br>确认客户对理想场景与差异优势的态度；<br>检查表达方式与内容</td></tr>
</table>

续　表

| 专业胜任能力 | |
|---|---|
| 任务 | 具体任务动作/方法（行为标准） |
| 销售策略 | 列示客户单一销售目标；<br>确定项目进度、漏斗阶段；<br>确定客户的紧急程度；<br>辨别项目关键参与者角色；<br>检查未知角色或决策影响力；<br>判定客户角色的反馈模式；<br>讲述客户角色对现状、期望的认识；<br>列示证据证明客户的态度；<br>判定客户角色的支持程度；<br>列示证据证明客户的支持度；<br>讲述客户角色支持度的原因；<br>检查客户销售的总体阶段；<br>绘制客户每个角色参与度曲线；<br>标注客户每个角色的参与点；<br>列示客户内部政治关系链及冲突点；<br>列示客户每个角色现阶段参与度与影响力；<br>列示关键角色的部门、岗位、职责；<br>列示关键角色有关业务需求；<br>确定解决方案对关键角色的业务价值；<br>列示关键角色的年龄、学历、履历、性格等信息；<br>列示关键角色在组织中的位置与关系；<br>确定关键角色的个人利益；<br>标识优势与风险；<br>回顾项目总体形势与拆局分析；<br>列示客户关键诉求、我方优势与劣势；<br>列示各种可能采取的策略；<br>列示项目在我方无干扰情况下的走势；<br>确定项目总体策略；<br>制订 COACH 培训与发展策略；<br>分别制订 EB、UB、TB 应对策略；<br>制订 EK、OC 应对策略；<br>列示每个角色的目标反馈与支持度；<br>列示面向每个角色的下步具体目标与行动计划；<br>检查行动计划顺序；<br>列示资源列表；<br>列示可动用资源及动用方式；<br>列示资源成本及难易度；<br>列示针对每个角色的目标与行动计划； |

续 表

| 专业胜任能力 | |
| --- | --- |
| 任务 | 具体任务动作/方法（行为标准） |
| 销售策略 | 匹配面向具体角色、目标的资源有效性；<br>制订资源使用计划；<br>检查资源使用有效性与成本；<br>申请资源协调与调动；<br>讲述与知会项目信息、行动目标与计划；<br>编写资源申请、协调邮件；<br>列示项目竞争对手名录；<br>列示竞争对手优势、劣势；<br>列示每个角色对每个对手的反馈与支持度；<br>判定关键角色对供应商排位；<br>回顾总体竞争策略；<br>修订行动目标、计划与资源部署；<br>检查总体检查；<br>预测行动之后的目标状态与局势；<br>确定行动计划（目标、任务、负责人、资源、时间）；<br>回顾客户关键人目标及解决方案；<br>检查我方能力证明及实施计划；<br>检查项目关键检查点；<br>分析项目形势分析；<br>制订项目策略；<br>制订价格策略；<br>制订组织工作计划；<br>制订组织预算；<br>合理管控组织成本；<br>制订公司、部门发展战略 |
| 经营思维 | 讲述行业报告、国家产业政策等；<br>讲述客户业务流程、管理流程、工艺、法律、客户、特殊要求等知识；<br>讲述行业发展屏障、竞争、困局等；<br>讲述行业发展方向、行业预测及先进技术等；<br>讲述该行业客户的通用及特殊需求；<br>讲述该行业客户的发展机遇；<br>讲述我们在该行业领域的机遇；<br>讲述特定客户在该行业的优势；<br>讲述我们在该行业的优势；<br>讲述客户在该行业的劣势；<br>讲述我们在该行业的劣势；<br>讲述公司文化、价值观；<br>讲述公司员工通用规章、制度； |

续　表

| 专业胜任能力 | |
|---|---|
| 任务 | 具体任务动作/方法（行为标准） |
| 经营思维 | 设定自己在企业和社会中的位置；<br>规划未来发展方向及阶段里程碑；<br>提交销售文档及召开内部沟通会；<br>提交实施计划及注意事项；<br>引荐实施团队进驻；<br>制订针对客户的实施跟踪计划；<br>致电、邮件或拜访客户以了解实施及服务情况；<br>定期联络（电话、邮件、拜访）；<br>节假日联络表示关怀；<br>总结客户实施过程中实现的阶段性价值；<br>确认客户实施过程中实现的阶段性价值；<br>讲述客户行业趋势、机遇；<br>讲述我们可以帮助客户把握机遇的方法；<br>持续经营 |
| 经营管理 | 设定组织目标；<br>设定个人工作目标；<br>计划重要工作时间安排；<br>选择与录用团队成员；<br>培养与启用团队成员；<br>给予精神激励；<br>制订物质激励；<br>建立团队目标与愿景；<br>调节团队内纷争；<br>提出建议并与团队协商 |
| 个人特质 | 建立应对压力、危机、事件的良好心态；<br>严格遵守规范、要求、计划、承诺；<br>不断进步并探索快速进步方法 |
| 基础知识与工具 | 熟练掌握 PPT 技术及商业演讲方法；<br>了解 Excel 基础应用功能；<br>了解消费心理学、商品学知识；<br>了解多媒体技术 |

续 表

| 专业胜任能力 | |
|---|---|
| 任务 | 具体任务动作/方法（行为标准） |
| 跨专业知识技能 | 了解企业管理、经济学基础知识；<br>熟悉财务报表；<br>了解电子贸易、金融基础知识及应用 |
| 学习与创新 | 学会自我学习、独立思考；<br>能从不同角度观察事物；<br>辩证灵活地看待问题；<br>掌握持续不断改进的方法；<br>了解、接受新事物 |
| 自我完善与发展 | 发展自我兴趣；<br>善于从书本和实践中学习；<br>及时总结经验教训；<br>不断反省、反思；<br>促使他人进步和成长 |
| 收集、分析、组织信息能力 | 学会利用图书馆；<br>应用计算机和互联网信息搜集处理功能；<br>学习拓展收集信息渠道；<br>了解信息组织的逻辑化或结构化方法 |
| 应用技术能力 | 掌握数据挖掘软件操作；<br>了解网页制作方法；<br>掌握网络营销方法；<br>学习多媒体工具使用方法；<br>掌握商务谈判技术；<br>了解国际贸易实务；<br>运用至少一门外语进行听说 |
| 解决问题能力 | 能够界定问题；<br>善于组织和利用资源；<br>学习判断问题；<br>了解分析问题和解决问题的流程 |
| 经营决策能力 | 学习创业；<br>了解市场环境；<br>学习组织和带领团队；<br>学习制订战略的方法 |

■ 标志性教育任务，如表 9－10 所示。

**表 9－10　　销售 5 级标志性教育任务**

| 教学任务 | 教学形式 | 教学载体 | 考核 |
| --- | --- | --- | --- |
| 销售管理 | 项目教学 | 案例教学、情景教学、模拟教学、实战演练 | 演示、模拟、案例分析、报告 |

■ 对应职业（岗位）：区域销售经理/主管。

■ 职业发展方向：销售总监。

■ 学历与职业教育证书：考核合格后，获得本科学历证书，同时获得职业教育 5 级证书。

## 9.6　市场营销专业职业教育 6 级标准描述

### 专业名称：市场营销（销售）

■ 职业教育级别：6 级。

■ 适用行业企业范围：大型制造业，建筑、房地产行业，IT 业等。

■ 关键任务：销售策略制订及规划、销售流程设计、销售模式创新、变革管理。

■ 人才培养目标：面向当今及未来社会需求，掌握经济学、市场营销等理论；理解当今及未来社会客户导向、客户经营、以客户为中心的营销理念；掌握客户的采购、决策流程，并能够根据客户的采购、决策流程制订销售流程；了解市场调研、销售管理、销售团队管理实务，从事销售策略制订及规划、销售流程设计、销售模式创新、变革管理等工作。

■ 人才培养规格：销售 6 级培养规格如表 9－11 所示。

**表 9－11　　销售 6 级角色说明书**

<table>
<tr><td>序列</td><td>销售序列</td><td>版本</td><td>V 2.0</td><td rowspan="2">说明：学员类型是技能发展型，教学特点属于在职教育</td></tr>
<tr><td>角色</td><td>销售总监</td><td>角色层级</td><td>6 级</td></tr>
<tr><td colspan="5">角色目的</td></tr>
<tr><td colspan="5">本角色是处于高级的销售管理人员。主要职责是销售策略制订及规划、销售流程设计、销售模式创新、变革管理</td></tr>
</table>

续 表

| 职责描述 | |
|---|---|
| 1. 销售模式及流程设计：销售模式制订、销售组织设计、销售流程设计。<br>2. 销售策略及政策：目标市场规划、价格策略、竞争策略、销售团队组建策略。<br>3. 销售业绩规划：销售业绩预测、分解、跟踪、资源部署。<br>4. 销售团队管理：销售团队组建、绩效考核体系 | |
| 基本任职要求 | |
| 工作经验：职业5级+2年以上工作经验、硕士研究生+2年以上工作经验 | |
| 专业胜任能力 | |
| 任务 | 具体任务动作/方法（行为标准） |
| 身心健康 | 讲述工作现场及人身安全规范；<br>讲述产品安全；<br>制订身心调整计划；<br>调整身心状态 |
| 遵守法律 | 讲述基本法律、法规教育；<br>讲述《消费者权益保障法》；<br>讲述《合同法》；<br>讲述《刑法》中商业贿赂相关条款；<br>讲述《反不正当竞争法》；<br>讲述国际贸易有关法律法规 |
| 规范行为 | 遵守职业道德规范；<br>讲解商业惯例、行业惯例及处理流程 |
| 承担责任 | 具有一定的社会责任感；<br>完成本职工作；<br>促进完成团队目标 |
| 公益环保 | 实践节约行为；<br>宣传节约理念，促进节约行动；<br>提出节约方面的建议；<br>遵守基本环保法规要求；<br>遵守产品环保的有关规定 |
| 人际沟通 | 表达个人想法；<br>利用相关的数据、案例、信息支持沟通；<br>分享个人经验、知识和案例 |
| 冲突管理 | 控制情绪压力；<br>规划时间安排；<br>设计冲突解决流程 |

续　表

| 专业胜任能力 | |
|---|---|
| 任务 | 具体任务动作/方法（行为标准） |
| 团队合作 | 宣扬团队目标；<br>鼓励领导团队成员工作；<br>提供团队工作、相互学习的机会；<br>善于和团队成员沟通 |
| 商机挖掘 | 联系目标客户（邮件、电话、拜访）；<br>使用问题清单、成功故事、潜在客户目标清单；<br>总结客户兴趣点（口述、邮件）；<br>询问客户职位、岗位任务；<br>询问客户公司采购流程；<br>判断客户的采购角色及地位；<br>提问客户初始目标类问题；<br>分享目标清单；<br>探索其他关键人目标；<br>建议联系其他关键人；<br>讲述目标清单、成功故事；<br>确认是否客户关注的目标；<br>对照我方产品、方案辨别目标相关性；<br>应答礼貌回复并向经理汇报；<br>发送沟通总结邮件 |
| 需求确认 | 提问、开放式探索客户对关键问题的解决方法；<br>讲述应用场景；<br>确认客户解决关键问题的理想场景和效果；<br>总结初步诊断与需求确认总结；<br>选择发展为支持者的目标；<br>发展支持者；<br>发展流程验证和推进；<br>评估及优选验证方式；<br>确定验证方法；<br>回顾联系人、关键人目标；<br>探索关键人目标；<br>拓展关键人目标；<br>确认关键人目标；<br>梳理合作经营过程与共识；<br>确认合作经营过程与共识；<br>发送确认邮件 |

续 表

| 专业胜任能力 | |
|---|---|
| 任务 | 具体任务动作/方法（行为标准） |
| 方案形成 | 收集前期与客户确认的工作记录；<br>制作方案简报；<br>诊断影响实施成功的可能原因；<br>创建实施愿景；<br>草拟项目实施计划；<br>沟通、确认项目实施计划；<br>拟订客户投资效益分析；<br>分析有形效益、无形效益；<br>绘制成本效益分析图表；<br>制作盈亏平衡点分析表；<br>建立项目阶段性“成功标准”；<br>评审方案内容与实施计划；<br>测算我方项目盈亏分析；<br>提议汇报评审会议；<br>确定双方参会人员及任务分配；<br>确认评审会议程、参会人员、时间地点等事项；<br>汇报解决方案；<br>与客户回顾及确认方案及内容；<br>发送评审总结邮件；<br>提议项目进程计划；<br>发送项目进程计划邮件；<br>与客户共同修订、确认项目进程计划 |
| 商务谈判 | 准备相互确认过的资料；<br>填写谈判准备表；<br>填写谈判策略与过程控制表；<br>避免销售谈判中的常见错误；<br>提交合同文本供客户方预审；<br>商讨与客户共同商讨合同条款；<br>确认合同可确认内容并标明分歧；<br>与客户约定谈判具体日程；<br>控制节奏按既定策略与计划进行；<br>调整并控制心态与情绪；<br>总结谈判内容及成果；<br>签订谈判合同、备忘录 |

续 表

| 专业胜任能力 | |
|---|---|
| 任务 | 具体任务动作/方法（行为标准） |
| 商品争议处理 | 电话、邮件约见；<br>自我介绍、说明来意、适当暖场；<br>确认客户顾虑原因；<br>应用“心灵共振”与“同理心”<br>应用“太极推手” |
| 客户需求规划 | 提问顾虑类问题；<br>确认客户顾虑原因；<br>列示客户异议原因；<br>总结客户的顾虑解决程度及效果；<br>保持倾听心态、姿式、肢体语言；<br>黄金沉默技巧；<br>探寻客户对需求的解决方案；<br>提问与客户合作经营解决方案；<br>客户理想场景呈现；<br>用证据证明差异优势；<br>确认客户对理想场景与差异优势的态度 |
| 客户关系处理 | 保持倾听心态、姿式、肢体语言；<br>黄金沉默技巧；<br>探寻客户对需求的解决方案；<br>提问与客户合作经营解决方案；<br>客户理想场景呈现；<br>用证据证明差异优势；<br>确认客户对理想场景与差异优势的态度；<br>列示客户可能的顾虑；<br>列示处理顾虑的方式与问句；<br>拟订有效约见理由；<br>拟订期望客户的行动承诺；<br>检查行动承诺与采购流程、目标角色相关性；<br>列示未知信息（概念、角色、流程、变化等）；<br>编写各类问句的方式与内容；<br>检查提问顺序与逻辑 |
| 销售策略 | 列示客户单一销售目标；<br>列示客户需求与期待；<br>确定项目进度、漏斗阶段；<br>确定客户的紧急程度； |

续 表

| 专业胜任能力 | |
|---|---|
| 任务 | 具体任务动作/方法（行为标准） |
| 销售策略 | 确定我们在竞争中的位置；<br>确定项目总体感觉、温度；<br>列示客户组织架构图；<br>列示项目客户采购角色结构；<br>列示全部项目关键人、潜在关键人；<br>辨别项目关键参与者角色；<br>检查未知角色或决策影响力；<br>判定客户角色的反馈模式；<br>讲述客户角色对现状、期望的认识；<br>列示证据证明客户的态度；<br>判定客户角色的支持程度；<br>列示证据证明客户的支持度；<br>讲述客户角色支持度的原因；<br>检查客户销售的总体阶段；<br>绘制客户每个角色参与度曲线；<br>标注客户每个角色的参与点；<br>列示客户内部政治关系链及冲突点；<br>列示客户每个角色现阶段参与度与影响力；<br>列示关键角色的部门、岗位、职责；<br>列示关键角色有关业务需求；<br>确定解决方案对关键角色的业务价值；<br>列示关键角色的年龄、学历、履历、性格等信息；<br>列示关键角色在组织中的位置与关系；<br>确定关键角色的个人利益；<br>标识优势与风险；<br>回顾项目总体形势与拆局分析；<br>列示客户关键诉求、我方优势与劣势；<br>列示各种可能采取的策略；<br>列示项目在我方无干扰情况下的走势；<br>确定项目总体策略；<br>制订 COACH 培训与发展策略；<br>分别制订 EB、UB、TB 应对策略；<br>制订 EK、OC 应对策略；<br>列示每个角色的目标反馈与支持度；<br>列示面向每个角色的下步具体目标与行动计划； |

续　表

| 专业胜任能力 | |
|---|---|
| 任务 | 具体任务动作/方法（行为标准） |
| 销售策略 | 检查行动计划顺序；<br>列示资源列表；<br>列示可动用资源及动用方式；<br>列示资源成本及难易度；<br>列示针对每个角色的目标与行动计划；<br>匹配面向具体角色、目标的资源有效性；<br>制订资源使用计划；<br>检查资源使用有效性与成本；<br>申请资源协调与调动；<br>讲述与知会项目信息、行动目标与计划；<br>编写资源申请、协调邮件；<br>列示项目竞争对手名录；<br>列示竞争对手优势、劣势；<br>列示每个角色对每个对手的反馈与支持度；<br>判定关键角色对供应商排位；<br>回顾总体竞争策略；<br>修订行动目标、计划与资源部署；<br>检查总体检查；<br>预测行动之后的目标状态与局势；<br>确定行动计划（目标、任务、负责人、资源、时间）；<br>回顾客户关键人目标及解决方案；<br>检查我方能力证明及实施计划；<br>检查项目关键检查点；<br>分析项目形势分析；<br>制订项目策略；<br>制订价格策略；<br>制订组织工作计划；<br>制订组织预算；<br>合理管控组织成本；<br>制订公司、部门发展战略 |
| 经营思维 | 讲述行业报告、国家产业政策等；<br>讲述客户业务流程、管理流程、生产流程、工艺、法律、客户、特殊要求等知识；<br>讲述行业发展屏障、竞争、困局等；<br>讲述行业发展方向、行业预测及先进技术等；<br>讲述该行业客户的通用及特殊需求； |

续 表

| 专业胜任能力 | |
|---|---|
| 任务 | 具体任务动作/方法（行为标准） |
| 经营思维 | 讲述该行业客户的发展机遇；<br>讲述我们在该行业领域的机遇；<br>讲述特定客户在该行业的优势；<br>讲述我们在该行业的优势；<br>讲述客户在该行业的劣势；<br>讲述我们在该行业的劣势；<br>设定自己在企业和社会中的位置；<br>规划未来发展方向及阶段里程碑；<br>提交销售文档及召开内部沟通会；<br>提交实施计划及注意事项；<br>引荐实施团队进驻；<br>制订针对客户的实施跟踪计划；<br>致电、邮件或拜访客户以了解实施及服务情况；<br>定期联络（电话、邮件、拜访）；<br>节假日联络表示关怀；<br>总结客户实施过程中实现的阶段性价值；<br>确认客户实施过程中实现的阶段性价值；<br>讲述客户行业趋势、机遇；<br>讲述我们可以帮助客户把握机遇的方法；<br>持续经营 |
| 经营管理 | 设定组织目标；<br>设定个人工作目标；<br>计划重要工作时间安排；<br>选择与录用团队成员；<br>培养与启用团队成员；<br>给予精神激励；<br>制订物质激励；<br>建立团队目标与愿景；<br>调节团队内纷争；<br>提出建议并与团队协商 |
| 个人特质 | 激发对成果的渴望；<br>建立应对压力、危机、事件的良好心态；<br>严格遵守规范、要求、计划、承诺；<br>不断进步并探索快速进步方法； |

续　表

| 专业胜任能力 | |
|---|---|
| 任务 | 具体任务动作/方法（行为标准） |
| 基础知识与工具 | 掌握计算机基础知识；<br>熟悉网上查询工具；<br>熟练掌握 PPT 技术及商业演讲方法；<br>了解 Excel 基础应用功能；<br>了解消费心理学、商品学知识；<br>了解多媒体技术 |
| 跨专业知识技能 | 了解企业管理、经济学基础知识；<br>熟悉财务报表；<br>掌握财会操作实务；<br>了解电子贸易、金融基础知识及应用 |
| 学习与创新 | 学会自我学习、独立思考；<br>能从不同角度观察事物；<br>辩证灵活地看待问题；<br>掌握持续不断改进的方法；<br>能够辨别问题并设计解决方法；<br>了解接受新事物 |
| 自我完善与发展 | 发展自我兴趣；<br>善于从书本和实践中学习；<br>及时总结经验教训；<br>不断反省、反思；<br>促使他人进步和成长 |
| 收集、分析、组织信息能力 | 学会利用图书馆；<br>应用计算机和互联网信息搜集处理功能；<br>学习拓展收集信息渠道；<br>了解信息组织的逻辑化或结构化方法 |
| 应用技术能力 | 掌握数据挖掘软件操作；<br>了解网页制作方法；<br>掌握网络营销方法；<br>学习调研数据分析方法；<br>了解金融数据分析方法；<br>学习多媒体工具使用方法；<br>掌握商务谈判技术；<br>了解国际贸易实务；<br>运用至少一门外语进行听说 |

续 表

| 专业胜任能力 | |
|---|---|
| 任务 | 具体任务动作/方法（行为标准） |
| 解决问题能力 | 能够界定问题；<br>善于组织和利用资源；<br>学习判断问题；<br>了解分析问题和解决问题的流程 |
| 经营决策能力 | 学习创业；<br>了解市场环境；<br>学习组织和带领团队；<br>学习制订战略的方法；<br>能够规划营利方法 |

■ 标志性教育任务，如表 9 - 12 所示。

**表 9 - 12　　销售 6 级标志性教育任务**

| 教学任务 | 教学形式 | 教学载体 | 考核 |
|---|---|---|---|
| 营销对抗实战 | 项目教学 | 供应链管理、沙盘对抗、虚拟公司 | 成果、竞赛 |
| 导师制—课题项目 | 研究课题 | 企业真实课题 | 答辩、方案论证、成果 |

■ 对应职业（岗位）：销售总监。

■ 职业发展方向：总裁。

■ 学历与职业教育证书：考核合格后，获得市场营销 MBA 学历证书，同时获得职业教育 6 级证书。